동물과 식물 이름에 이런 뜻이?!

* **일러두기** 이 책은 이주희 기자가 쓴 《내 이름은 왜? – 우리 동식물 이름에 담긴 뜻과 어휘 변천사》(자연과생태, 2011년)를 토대로 노정임 작가가 어린이책으로 다시쓰기를 했습니다. 이름을 새겨보면 동식물의 특징, 생태는 물론 역사와 현재의 모습까지 알게 됩니다.

동물과 식물 이름에 이런 뜻이?!
어원과 생태를 함께 보는 동식물 이야기

제1판 제1쇄 발행일 2015년 11월 30일
제1판 제5쇄 발행일 2021년 1월 20일

글 _ 이주희, 노정임
그림 _ 안경자
기획 _ 바람하늘지기, 책도둑(박정훈, 박정식, 김민호)
디자인 _ 토가 김선태
펴낸이 _ 김은지
펴낸곳 _ 철수와영희
등록번호 _ 제319-2005-42호
주소 _ 서울 마포구 월드컵로 65, 302호(망원동, 양경회관)
전화 _ (02)332-0815
팩스 _ (02)6003-1958
전자우편 _ chulsu815@hanmail.net

ⓒ 이주희 · 노정임 · 안경자 2015

* 이 책에 실은 내용 일부나 전부를 다른 곳에 쓰려면 반드시 저작권자와
 철수와영희 모두한테서 동의를 받아야 합니다.
* 잘못된 책은 출판사나 처음 산 곳에서 바꾸어 줍니다.

ISBN 978-89-93463-87-3 73400

철수와영희 출판사는 '어린이' 철수와 영희, '어른' 철수와 영희에게
도움 되는 책을 펴내기 위해 노력하고 있습니다.

어린이제품 안전특별법에 의한 기타 표시사항

제품명 도서 | **제조자명** 철수와영희 | **제조국명** 한국 | **전화번호** (02)332-0815 | **제조연월** 2021년 1월 | **사용연령** 10세 이상
주소 04018 서울시 마포구 월드컵로 65, 302호(망원동, 양경회관)
주의사항 종이에 베이거나 긁히지 않도록 조심하세요. 책 모서리가 날카로우니 던지거나 떨어뜨리지 마세요.

동물과 식물 이름에 이런 뜻이?!

어원과 생태를 함께 보는 동식물 이야기

글 이주희, 노정임 | 그림 안경자

철수와영희

추천사

　책장을 넘기면 넘길수록 새로운 세상과 마주하는 책이 있답니다. 그 책은 바로 평소 익숙하게 들어왔던 동물과 식물 이름들의 비밀을 밝힌 《동물과 식물 이름에 이런 뜻이?!》예요.

　이 책을 읽고 있노라면 마치 탐정이 된 것 같아요. 당연하게만 생각했던 동식물 이름에 담겨있는 새로운 뜻 빛깔을 찾아내는 과정이 너무나 흥미진진하기 때문이에요. 특히, 생각과는 전혀 다른 뜻을 지닌 이름들 그리고 이름에 얽힌 다양하고 알찬 내용들이 눈길을 끈답니다. 그림도 참 정겹게 잘 그려져 있어서 환하게 밝혀진 이름 뜻과 함께 새롭게 동식물들과 마주할 수 있어요.

　무엇보다 이 책이 매력적인 것은 따뜻한 눈길로 우리 주변에 있는 동식물들과 마주할 수 있는 기회를 열어 준다는 점이에요. 어느 시인의 말처럼 이름을 불러 주기 전에는 하나의 의미 없는 몸짓이었는지도 몰라요. 이 책을 통해 만나는 동식물들의 이름을 뜻을 알고 새롭게 불러 본다면 이전과는 새로운 사이로 마주하게 될 거예요.

　탐정처럼 이름의 단서를 밝혀내는 흥미진진한 여정에 여러분을 초대합니다.

배성호(전국초등사회교과모임 공동 대표)

머리말

너는 어떤 동식물의 이름이 궁금하니?

새로운 생물이 발견되면 이름이 생기지. 어떤 생물이 사라지면 어떤 이름은 사라지기도 해. 또 예전에 부르던 이름과 오늘날 이름이 달라지기도 하고. 생물과 언어는 닮은 점이 참 많아.

　우리 글자인 '한글'이라는 이름도 바뀌어 왔어. 처음 만들어졌을 때 이름은 '훈민정음'이었지. '언문' 등 여러 가지 다른 이름으로 불리다가 100여 년 전에 '한글'이라고 새롭게 이름 지었고 여전히 쓰이고 있지. 이름이 생기고 바뀌고 정착되는 과정을 살피면 우리 글자의 역사까지 알 수가 있어.

　동식물 이름도 마찬가지야. 이 책에서는 아주 흔하게 듣던 동식물 이름의 속뜻을 알아볼 거야. '황소', '호랑이', '진달래'라고 부르면서도 왜 황소, 호랑이, 진달래라고 이름 붙었는지 속뜻까지 아는 사람은 드물어. 그래서 수박 겉핥기처럼 알아보기보다는 여러 이름에 공통적으로 쓰이는 말이 들어간 몇몇 동식물 이름을 중심으로 깊이 있게 알아보려고 해. 예를 들어 '황소'의 '황-'이 누렇다는 뜻이 아니라 크다[한]는 어원(語源)이 있다는 것을 안다면, 우리나라에 누렁소말고도 아주 다양한 소들이 살았다는 것까지 알 수 있지. 이거야말로 꿩 먹고 알 먹고지. 이름도 알고 특징도 알고 역사까지 알 수 있잖아.

　한 가지 어려운 점은 어원이 밝혀지지 않은 것이 참 많다는 거야.

동식물 이름뿐만 아니라 다른 말들도 어원을 모두 찾아내기는 어려워. 한글이 생기기 이전의 말은 더욱 찾기가 어렵고. 또 언어가 생길 때에 이웃 나라의 영향을 받는 경우도 많아. 우리가 생각하는 것보다 주변 나라와의 교류가 아주 활발했거든. 국경을 넘나드는 동식물 연구가 어려운 것처럼 어원 찾기도 쉽지는 않아.

동식물이 사라지면 이름이 사라지고, 이름을 제대로 모르면 동식물에 관심을 갖기 어려워. 이 책은 우리 생물 이름에 대해 '왜?'라는 질문을 계속 던지면서 오늘날 쓰이고 있는 동식물의 이름과 생태적 특징을 분석했고 또 역사 속에서 이 이름들이 어떤 변화를 겪었는지 생생하게 밝혀냈지.

과학이나 역사에 대해서는 '왜?'라는 질문을 많이 해. 그런데 동물과 식물 이름에 대해서는 너무나도 당연하게 생각해서 '왜?'라고 질문하지 않았어. 그러다 보니 어떤 뜻이 있는지도 생각해 보지 않은 이름이 많아. 어떤 공부를 하든지 이름과 용어를 분명히 아는 것은 든든한 토대가 되어 주지. 동식물 이름에도 '왜?'라는 질문을 던져보자.

너는 어떤 동식물의 이름이 궁금하니?

2015년 11월 이주희, 노정임

차례

추천사 _ 5
머리말 너는 어떤 동식물의 이름이 궁금하니? _ 6
미리 알고 가자 왜 동식물의 이름을 배워야 할까? _ 10

젖먹이 동물

황소 _ 14
호랑이 _ 21
곰 _ 28
말 _ 34
박쥐 _ 40
원숭이 _ 45
돼지 _ 52
토끼 _ 57
고라니와 노루 _ 62

작은 동물

지렁이 _ 68
불가사리 _ 73
대게 _ 79
매미 _ 82
부전나비 _ 88
도롱뇽과 도마뱀 _ 93
사마귀 _ 99

새

제비 _104
비둘기 _110
까치 _114
까마귀 _118
해오라기(백로) _123
두루미와 고니 _128
매 _134

식물

진달래와 철쭉 _140
은행나무와 메타세쿼이아 _145
개나리 _150
자작나무 _154
참나무와 가시나무 _159
느티나무 _164
아까시나무 _169
코스모스 _175
무궁화 _180

책 속의 작은 동식물 사전 _185
참고 문헌 _196

미리 알고 가자

왜 동식물의 이름을 배워야 할까?

이름을 안다는 것의 의미는 뭘까?

 나는 어린이책을 만드는 일을 해. 책을 만드는 일은 참 매력이 있어. 책은 여러 사람들과 이야기를 나누는 거야. 애써서 책을 써 놓으면 아주 많은 사람들과 '소통'할 수 있지. 여러 사람과 소통을 하려고 그림과 사진을 넣어서 예쁘게 디자인도 하고. 그리고 무엇보다 '이름'을 틀리지 않고 분명하게 쓰려고 신경을 써야 해.

 내가 처음 만든 어린이책은 '곤충도감'이었어. 그러면서 알게 된 나비가 있는데, 바로 '작은홍띠점박이푸른부전나비'야. 이 나비

날개 편 길이가 22~25mm쯤이야. 날개를 접고 앉아 있으면 색이 눈에 잘 띄지 않고, 날개를 펼치면 선명한 푸른색이 보이지.

의 이름을 알게 된 뒤에 우리 집 뒤뜰에서 사진도 찍을 수 있었지. 얼마나 반가웠는지 몰라.

　직접 보면 더 귀여워. 이렇게 작은 나비를 내가 기억한 까닭이 뭔지 아니? 우리나라 동물 이름 중에서 가장 길다고 알려져 있었기 때문이야. 13글자야. 신기하게도 이름을 알고 나니까 보이더라고. 그전에도 살고 있었을 텐데 이름을 알기 전에는 한 번도 못 봤다는 게 신기했어.

　우리 집은 작은 농촌 마을에 있어. 내가 식물이나 곤충에 대한 어린이책을 만들 때 모르는 것이 생기면 부모님께 여쭤보았어. 그런데 이 작은 나비는 관심을 끌기 어려워서 우리 동네에서는 이름조차 없지.

　곤충학자들은 어떤 생물을 처음 새롭게 발견하면 이름을 붙일 수 있어. 곤충학자가 아니어도 괜찮아. 세상에서 처음 보는 생물을 발견했다면 누구라도 이름을 붙일 수가 있지. 어떻게 이름을 붙일까? 특징을 모두 관찰하고 어울리는 이름을 짓는 거야.

　누군가와 처음 만나 인사할 때에 이름을 서로 알려주지. 만약 좋아하는 사람이라도 생기면 가장 먼저 이름을 알리잖아. "나는 아무개야." 하고. 동식물을 알 때도 마찬가지지. 멋진 동물, 예쁜 꽃을 만나면 "이름이 뭐지?" 하고 궁금증이 생기지. 이름을 제대로 알고 나면 수많은 동식물이 가깝게 느껴지고 더욱더 자연과 소통을 잘 할 수 있게 될 거야.

이름이 왜 여러 가지일까?

우리 동네에서는 '갈겨니'라는 물고기를 '피리', '가리'라고 불러. 알록달록 무지갯빛 색깔을 가진 민물고기인데, 그 물고기를 잡을 때 여럿이 '휘이익 휘이' 하고 입으로 피리 소리를 내며 한쪽으로 몰아가. 어원은 정확하지 않지만 아마도 그래서 '피리'라고 하는 것 같아.

지역마다 서로 다른 이름으로 부르다 보니 이름이 무척 많아진 거야. 표준어를 정해야 했기 때문에 이름을 하나로 정해 사전에 올려 두었어. 어떤 이름을 골랐을까? 많은 사람들이 쓰고 있는지, 특징을 담고 있는지, 소리(발음)가 좋은지 등등 학자들이 많은 시간을 들여 연구를 한 뒤에 여러 단어 중에서 결정하는 거야. 학문 연구와 여론 조사를 모두 다 하는 거지. 이 책에서는 표준어가 된 이름을 중심으로 알아볼 거야. 그렇다고 사투리로 쓰이는 이름이 틀린 것은 아니야.

안타깝게도 민물고기들이 요즘 많이 줄어들었어. 예전에는 많았는데 이제는 보기 힘들어졌어. 내 생각엔 사람들이 하천을 정비한다면서 물고기들의 서식지를 순식간에 바꿔 냇물의 흐름이 변했기 때문인 것 같아. 생태계를 지키는 것은 말을 지키는 것이기도 해. 갈겨니라는 물고기가 없어지면 표준어인 갈겨니도 또 다른 이름인 피리도 쓸 일이 없어질 테니까.

젖먹이 동물

황소

🔴 식구 같은 소

　내가 좋아하는 동물인 소 이야기부터 할게. 몇 해 전 〈워낭소리〉라는 영화를 보는 내내 예전에 우리 집에서 키우던 누렁소가 무척이나 보고 싶었어. 내가 기억하는 소는 덩치가 크고, 색이 노랗고, 눈이 아주 컸어. 속눈썹도 얼마나 긴지 몰라. 사람마다 성격이 다르듯이 동물도 성격이 있어. 소는 무척 순해. 그래서 일찌감치 가축으로 길러졌어.

　우리 집에서 소가 지내던 외양간은 크기만 비교해 보면 우리 집 안방보다 컸어. 왜냐고? 소는 덩치가 크니까. 넓기만 한 것이 아니라 지붕도 높았지. 커다란 밥그릇인 구유도 있고, 추울 때 등에 덮어 주는 덕석도 있었어. 소죽 재료를 잘게 자르는 커다란 작두와, 소죽을 끓이는 아궁이와 쇠솥도 따로 있었지. 소의 털을 빗어 주는 긁개도 있었어. 소를 위한 살림살이만 해도 아주 많지?

　우리 집이 작은 농촌 마을에 있다고 했지? 그때 소를 먹인 까닭은 농사일을 돕기 때문이야. 밭이나 논의 흙을 갈아엎는 일은

농사일의 시작이야. 흙을 부드럽게 만들어야 씨앗을 뿌릴 수 있어. 내가 초등학교 때만 해도 소가 논밭에서 일하는 것을 자주 보았어. 약 30여 년 전이야.

"저저저저저, 워워워워워. 이랴."

아버지는 소고삐를 잡고 소랑 한 몸이 된 듯이 논밭을 갈았지. 힘든 일을 마친 뒤에는 소에게 정성들여 끓인 소죽을 주었어. 우리 집 누렁소는 힘도 세고 말도 잘 들었어. 소는 마치 우리 식구 같았어.

황소의 '황'은 노랗다는 뜻이 아니야

'황소'라는 이름은 어떤 뜻일까? 우리 집에 있던 누렁소처럼 '털빛깔이 누런색인 소'라는 뜻일까?

동물 이름 중에 '황-' 자가 붙은 것이 많아. 황복, 황새치, 황조롱이, 황로 등이 있어. 이 동물들은 모두 몸 빛깔이 노란 게 특징이야. '누를 황(黃)' 자를 쓴 게 맞지. 그런데 황소의 '황'은 누렇다는 뜻이 아니야. 무엇보다 한자어가 아니지. 길이 헷갈릴 때에는 지도를 보고, 말이 헷갈릴 때에는 사전을 찾아보면 되지. 국어사전을 펼쳐 보자.

황소〈명〉 큰 수소

뜻을 보면, '노랗다'는 설명이 없어. 그저 '큰 수소'래. 황소의 '황'은 '크다'는 뜻이거든. 황소 뒤에 한자어도 써 있지 않아. 한자말에서 온 것이라면 한자가 함께 써 있어. 그리고 암소한테는 황소라고 하지 않아. 몸집이 큰 수소를 황소라 하는 거야.

'크다'는 뜻으로 옛날에는 '하다'라는 말을 썼어. 우리가 잘 아는 '한강'은 한자로 쓰기도 하지만 본디 뜻은 '큰 강'이지. 한강뿐만 아니라 '한-'이 붙어서 크다는 뜻을 나타내는 말이 많아.

한숨 (크게 내쉬는 숨)

한길 (차나 사람이 많이 다니는 큰길)
한비 (큰비, 장마)
한밭 ('대전(大田, 큰 밭)' 지명의 옛 이름)

그럼 동물 중에는 없을까? 황새가 있지. 황새도 몸 빛깔이 전혀 누렇지 않아. 몸 전체가 눈부시게 희고 날개 끝이 조금 검어. 노란색과 전혀 관련이 없지? 황새는 '큰 새'라는 뜻이야. 옛 책 《훈몽자회》에 보면 황새를 '한새'라고 적고 있고, 지금도 함경도에서는 황새를 한새라고 해.

황새와 황소의 '황'은 모두 크다는 뜻의 '한'이 바뀐 거야. 황소는 옛 책에 기록이 없냐고? 《용비어천가》에서 큰 소라는 뜻의 거우(巨牛)를 '한쇼'라고 적었어. 《월인천강지곡》에도 '한쇼'라는 표기가 있지.

한쇼 〉 항쇼 〉 황소

실제로 우리 집 황소도 누렁소였고, 옆집 소도 누렁소였어. 황소를 누렁소라고 생각할 만큼 누런색의 소가 많아서 헷갈렸어. 그럼 30여 년 전 소들은 왜 대부분 노란색이었을까? 여기에 아픈 역사가 있을 줄은 상상도 못했어. 일제가 1920년대 말부터 우리나라 소를 누런색으로 통일시켰어. 그리고 1970년대에는 한우의 품질을 일정하게 유지하고 한우 개량 사업이라는 걸 펼치면서 누런색 소만 남게 되었던 거야.

'황소'의 '황-'이 노란색이라는 뜻이 아니라고요?

황소의 '황'은 크다는 뜻이에요. 한자말이 아니라 순우리말이고요. 황소는 '큰 소'라는 뜻이며, 그 중에서도 수소를 황소라고 해요. 암소는 황소라고 하지 않아요.

● 누렁이도 검둥이도 얼룩이도 있었다

정지용 시인의 유명한 시 '향수'를 보자.

얼룩백이 황소가
해설피 금빛
게으른 울음을 우는 곳

노래로 불려서 누구나 잘 알 거야. 가사에 '황소'가 나오는데, '얼룩백이'라고 했어. 만약 황소가 누런색 소라면 '얼룩백이 황소'는 아주 어색한 말이 되겠지. 그런데 황소를 큰 소라고 알고 나서 보면 어때? '얼룩백이 큰 소'라는 뜻이니까 아주 자연스러워. 우리나라에서 기르던 소는 원래 누렁이도 검둥이도 얼룩이도 있었던 거야.

최근에는 다양한 특성이 있는 토종 한우를 복원하려는 노력이 활발해지고 있어. 짙은 줄무늬가 있는 '칡소'도 그중 하나야. 온몸에 칡덩굴 같은 어룽어룽한 무늬가 있어. 일제 강점기와 1970~1980년대에는 통일성이 강조되던 때였으나, 지금은 다양성과 통섭과 융합의 가치를 높게 여기지.

칡소

황소

우리말에는 한자어의 영향이 커. 한글이 생기기 전에는 한자를 썼잖아. 그래서 그런지 어떤 때는 순우리말인지 한자어인지 헷갈려. 많은 사람들이 황소 이름을 듣고 '누를 황(黃)' 자를 떠올리는 것이 으레 있는 일이야. 이제는 '황' 자가 들어간 이름 가운데 '크다'는 뜻도 있다는 거 기억해.

지금 우리 집에는 황소가 없어. 소를 대신해 일할 경운기라는 기계를 들인 뒤로 소는 없어졌어. 하지만 지금도 우리 집에는 황소가 살던 외양간의 흔적이 남아 있어. 지금은 창고로 쓰이지만 우리 집에서 차지한 자리가 컸던 만큼 지금도 흔적이 남아 있는 거야. 내 기억 속에는 더욱 큰 자리를 차지하고 있어.

호랑이

🗨 호랑이가 호랑이를 처음 만난 날

나는 호랑이띠야. 그래서 그런지 호랑이에게 관심이 더 가더라고. 뿐만 아니라 호랑이는 옛이야기에 자주 등장하고, 우리나라 건국 설화에도 등장해. 호랑이가 그려진 옛 그림도 많지. 하지만 실제로 호랑이를 보기는 어려워. 지금 우리 산과 들에는 호랑이가 살지 않지.

우연한 기회에 호랑이를 만난 적이 있어. 지금으로부터 10년 전쯤으로 기억하는데, 중국에서 우리나라에 '백두산 호랑이'를 선물했어. 식물을 보러 광릉 수목원에 갔다가 뜻하지 않게 난생 처음 호랑이를 보았지. 중국에서 온 '백두산 호랑이'의 우리가 수목원 안에 있었거든. 반가웠냐고? 반갑기는커녕 무서웠어. 암수 두 마리가 스르륵 우리 안을 돌아다니며 바깥의 사람들을 노려보는데 기가 죽더라고.

그다음에 든 생각은 호랑이 몸이 무척 날씬하다는 거였어. 얼굴이 둥그스름하니 크니까 몸집도 통통할 것 같았는데, 얼굴에 비

'아무르'는 큰물이라는 뜻이야. 지금도 아무르 강 유역은 다양한 생물이 살아가는 터전이고, 이름이나 학명에 아무르가 들어가는 동물은 대개 아무르 지역에서 발견된 경우야. 지금도 호랑이나 표범처럼 덩치가 커다란 육식 동물이 살아갈 수 있는, 동아시아에서 마지막 남은 터전이지. 그런데 최근 그곳마저 개발이 되려고 한대. 여러 동물 보호 단체가 멸종 위기에 놓인 동물을 보호하려고 노력하고 있어.

해 몸이 늘씬했고 폭이 좁았어. 그래서 아주 날렵해 보였지. 높은 철망도 뛰어넘을 것처럼! 나는 높은 철망이 있었는데도 뒷걸음질 치고 말았지.

우리가 백두산 호랑이라고 부르는 한국에 살던 호랑이는 아무르 호랑이와 같아. '아무르'는 몽골에서 시작해서 중국과 러시아

국경을 따라 동쪽으로 길게 흐르는 커다란 강 이름이야. 세계에서 여덟 번째로 긴 강이지. 다양한 생물들이 사는 곳이야.

🔴 호랑이 = 범

호랑이는 순우리말로 '범'이라고 해. 그럼 호랑이는 한자말이냐고?

호랑이(虎狼-)

사전에 한자가 함께 올라 있지. 많은 국어학자들이 어원을 찾아보니까 호랑이와 범 모두 몽골이나 만주의 말과 뿌리가 같다는 걸 알아냈어. 옛 몽골어로 호랑이가 '할빌'이야. '할'도 호랑이, '빌'도 호랑이라는 뜻이지.

할 〉 칼 〉 콜 〉 홀
홀 + -앙이 → 호랑이

'홀'에 '-앙이'가 붙어서 '호랑이'가 되었어. '빌'이 바뀌어서 '범'이 되었고. 만주어로는 호랑이를 '비럼', 현재 몽골어에서는 '발'이라고 해. '빌, 비럼, 발' 모두 소리가 우리말의 '범'과 많이 닮았어.

혹시 호랑이 새끼를 부르는 이름이 뭔지 아니? 소는 송아지, 말은 망아지라고 하듯이 말이야. 잘 모르겠다고? 호랑이도 새끼를 부르는 이름이 따로 있어. 바로 '갈가지'야.

범

갈가지

아 참, 호랑이를 부르는 이름이 또 있어. '칡범'. 우리는 '범'을 호랑이나 표범을 모두 아우르는 말로도 쓰지. 이렇게 쓸 때에, 호랑이만을 구별 지어서 '칡범'이라고 하는 거야. 칡덩굴 같은 무늬가 있다는 거지. 무늬를 보고 지은 이름이야. 호랑이와 관련된 문화와 이야기가 많은 만큼 이름도 참 다양하구나.

아기 호랑이를 부르는 이름이 따로 있다고요?

아기 호랑이를 '갈가지'라고 해요.
호랑이를 부르는 이름이 참 많은데, 그 중에서 '갈'이라는 말도
호랑이라는 것을 알면 기억하기 쉽겠지요?
[호랑이 = 홀 = 갈 = 범 = 칡범]

할 〉 갈

갈 + -아지 → 갈가지

호랑이라는 뜻의 '갈'에 새끼를 뜻하는 '-아지'가 합쳐져 '갈가지'가 된 거야. 민요 중에 '앞니 빠진 갈가지'라는 노랫말이 있는데, 이가 빠진 어린아이들을 놀리는 노래였어. 갈과 범과 호랑이는 모두 말의 뿌리가 같다는 걸 알 수 있어.

● 우리 문화 속 호랑이

예전에는 마을마다 산에 산신이 있다고 믿었어. 나무꾼이 도끼를 연못에 빠뜨렸을 때에도 산신령이 나와 도와주지. 그러한 산신령을 돕는 동물이 바로 호랑이였어.

동물 중에서 이렇게 우리 문화에 많이 등장하는 것은 호랑이가

산신과 호랑이 민화

최고일 거야. 그런데 조금 이상하지 않니? 우리나라를 세운 단군 이야기에서 주인공은 곰이야. 호랑이는 인내심이 부족해서 도망가 버린 동물인데, 곰에 대한 이야기보다는 호랑이에 대한 이야기가 훨씬 더 많아. 재미있는 변화야.

문화를 연구하는 학자들이 그러는데, 호랑이와 관련된 문화는 인도와 티베트에서 유래했고 유목 문화와 깊은 관련이 있대. 이러한 문화가 중국을 거쳐, 몽골, 만주, 우리나라까지 전파된 것 같아. 말과 문화가 이웃 나라와 아주 활발하게 교류되었다는 것을 짐작할 수 있지.

그럼 곰은 어떤 문화와 관련이 있을까? 수렵과 채집을 많이 하던 지역의 문화와 관련이 깊다고 해. 실제로 수렵과 채집을 하던 곳에서 제사나 옛이야기에 곰이 자주 등장해.

이러한 사실을 바탕으로 우리나라는 초창기에 수렵과 채집을 주로 하는 곰 문화가 주축이었다가, 이후에 유목과 농업을 주로 하는 호랑이 문화로 변화되었다고 설명할 수 있어. 이 땅에서 실제 호랑이는 사라졌지만 우리 문화 속에서는 생생하게 살아 있어. 지금까지도 호랑이는 우리 민족의 씩씩한 기상을 상징하는 동물로 여겨지고 있어. 1988년 우리나라에서 열린 올림픽을 상징하는 동물도 호랑이였고, 국가대표 축구팀의 상징도 호랑이야.

호랑이 문화를 더 연구해 보면 재미있는 이야기가 쏟아질 거야. 우리나라에 영향을 끼친 몽골이나 만주 등 주변 나라들의 문화 속에 남은 호랑이 이름과 이야기를 많이 연구하면 더 알아낼 수 있을 거야.

 곰

🔴 호랑이를 이긴 곰

    곰을 보면 떠오르는 이야기가 있어. 단군왕검을 낳은 웅녀 이야기야. 다들 잘 알고 있지? 호랑이랑 곰이 둘이서 동굴에 들어가서 사람이 되기를 기원하잖아. 나는 호랑이가 이길 줄 알았는데 호랑이는 참을성 없이 도망가 버리고, 곰이 웅녀로 변신을 하지. 곰이 소원을 이루어 웅녀가 되고, 웅녀는 하늘에서 내려온 환웅과 결혼해 단군을 낳게 돼.

    처음 단군 이야기를 들었을 때에 나는 좀 의아했어. 곰은 호랑이보다는 우리 옛이야기에 자주 등장하지도 않는데 곰이 변신한 웅녀가 우리나라를 세운 단군에게 큰 영향을 끼치는 주인공으로 등장하니까 말이야.

    그런데 이번에 동물 이름을 공부하면서 아주 재미있는 사실을 알게 되었어. 단군이 새 나라를 세우고 도읍으로 정한 곳이 어딘지 아니? 바로 '아사달'이지. 그런데 《삼국유사》를 보면, 아사달을 '금미달'이라고도 불렀다고 나와. 금미달은 한자로 표기되어 있지만,

우리나라에는 불곰과
반달가슴곰 두 종이 살았던
것으로 알려져 있어. 중북부
지역에 살았었다는 불곰은
기록만 있지. 동북아시아에
고르게 퍼져 사는 반달가슴곰도
우리나라에서 거의 멸종할
뻔했다가 최근에 복원 노력을
펼치고 있어.

반달가슴곰

젖먹이 동물 _ 29

국어학자들은 우리말 '거머다라'를 한자로 옮긴 걸로 보고 있어. '거머'는 검다는 뜻이고, '다라'는 땅이나 산을 뜻해.

금미달(아사달의 다른 이름)
= 거머다라 = 거머 + 다라 = 검은+산(땅)

검다는 뜻의 '거머'는 동시에 동물 '곰'을 뜻하는 거야.

거머 = 곰

참 재미있지? 곰이 변한 웅녀가 등장하더니, 새 도읍지의 이름에는 곰의 뜻이 들어 있으니, 단군왕검의 건국 이야기와 곰은 떼려야 뗄 수 없는 이야기였어.

금미달(아사달) = 검은 산 = 곰 산

🔴 곰은 '검다'는 뜻

'불곰'은 털 빛깔에서 이름이 유래되었어. 일본의 불곰 이름인 히쿠마에 '불[火]' 자가 들어가지. 첫 글자인 '히'가 불이라는 뜻이야. 아마도 일본 사람들은 불곰의 빛깔을 보며 활활 타오르는 불길을 떠올렸나 봐. 우리나라에서 불곰이라는 단어를 쓴 것은 일제 강점기 이후였기 때문에 불곰이라는 말은 일본말을 번역하면서부터 쓴 것이라고 짐작하고 있어.

그럼 '곰'을 무엇이라고 할까? 일본에서는 '쿠마'라고 해. 쿠마도 곰(거머)과 같은 뿌리야. 색깔의 특징을 담고 있는 이름이지. 우리나라 옛 단어들을 찾아보면, 곰을 '거마, 가마, 구무, 구마, 고모, 고마' 등 여러 형태로 썼어. 그러다 우리글로 우리말을 표기하게 된 뒤를 보면, 15세기 세종 임금 때 《용비어천가》에 곰을 '고마'라고 했고, 17세기 다른 책을 보면 오늘날과 똑같이 '곰'이라고 나오기 시작해.

거머 〉 거마, 가마, 구무, 구마, 고모, 고마 〉 고마 〉 곰

🔴 본디 곰 문화였던 우리나라

약 30여 년 전에 곰을 수입해서 기르는 것을 나라에서 허락했었어. 몸에 좋다는 곰의 웅담(쓸개)을 먹으려고 그랬던 거야. 그러다 수입된 곰들이 열악한 환경에서 힘겹게 살고 있고, 웅담을 빼내려고 곰에게 엄청난 고통을 주고 있다는 것이 알려지면서 많은 사람들이 곰 사육을 반대했지. 몇 년만에 수입은 중단되었어. 하지만 이미 들여온 곰은 어쩔 수가 없었기 때문에 지금도 곰을 기르고 있는 곳이 있어.

우리나라 지리산에 방사된 반달가슴곰이야.

이런 오늘날의 곰 이야기를 들으며 나는 또 의아해졌어. 멸종 위기를 겪고 있는 곰을 복원하겠다며 새끼 곰을 지리산에 놓아 기르면서 관찰하는 등 노력을 열심히 하는데, 한편에서는 곰을 가두고 기르고 있다니 말이야. 지금 서른여덟 마리(※2015년 10월 기준)가 지리산에 적응해서 살아가고 있고, 매년 겨울이면 반달가슴곰이 새끼를 낳았다는 소식도 들려오지.

요즘에도 쓰이는 속담 중에 곰이 나오는 것을 보면 대부분 미련하고 어리석음을 비유하고 있어. '여우 같은 아내와는 살아도 곰 같은 아내와는 못 산다', '재주는 곰이 부리고 돈은 되놈이 받는다'는 속담은 지금도 쓰이고 있잖아. 하지만 곰이 과연 그럴까? 우리나라의 건국 이야기만 봐도 곰은 인내심 강하고 영특하고 민첩한 동물로 여겨지며, 북방의 여러 민족의 전설과 설화 속에서도 신성한 존재로 추앙받는 동물이야. 너에게 곰은 어떤 모습이니?

말

● **말총은 말 꼬리털**

    초등학생 때 나는 학교에서 돌아오자마자 책가방을 마루에 던지고 숙제만 꺼내서 집중해서 끝냈지. 방에 들어갈 시간도 부족해서 마루에서 하는 거야. 참 열심히 공부했다고? 실은 빨리 놀러가려고 그랬던 거야. 숙제를 끝내고 놀면 얼마나 마음이 편한데. 실컷 놀고 돌아와서 엄마 아빠가 숙제 했느냐고 물어보셔도 당당하게 말할 수 있어.
    "숙제 다 했어요!"
    친구들이랑 놀거리가 너무나도 많았지. 공기놀이, 땅따먹기, 소꿉놀이……. 어떤 때에는 고무줄놀이에 빠져서 우리 마을 여자 친구들은 실력이 점점 늘어갔어. 매일매일 몇 시간씩 하니까 잘할 수밖에. 두 명이서 까치발을 들고 고무줄을 높다랗게 들고 있어도, 텀블링(공중제비) 하듯이 한 손으로 땅을 짚고 한 바퀴 돌면 한 발로 고무줄을 걸어 내릴 수 있었어. 서커스를 떠올리면 비슷할 거야. 상상이 되니?

그때 긴 머리를 한 친구가 머리를 질끈 묶고 공중제비를 하면 더욱 멋져 보였어. 어른들은 그 친구의 머리를 보며 '말총머리'라고 했어. 그때는 '말총'이 뭔지 잘 몰랐어. 말은 가축이지만, 우리 마을에서는 집에서 기르는 말이 없어서 말총을 본 적이 없었지. 나중에 알고 보니까 말총은 '말 꼬리털'을 뜻하는 거였어. 말총머리는 긴 머리카락을 말 꼬리털처럼 하나로 묶은 모양이야.

말

🔴 황소의 '황' 자처럼 '크다'는 뜻으로 쓰이는 '말'

친구들끼리 우르르 뛰어다니면서 놀면 어른들은 이런 말도 했어. '고삐 풀린 망아지' 같다고 말이지. 망아지가 아무래도 나랑 내 친구들만큼이나 뛰어놀기를 좋아했나 봐. 망아지는 새끼 말을 뜻해.

말과 소를 한꺼번에 일컫는 말이 있어. '마소'는 가축을 대표하는 말로 쓰이지. 황소의 이름에 '크다'는 뜻이 들어 있다고 했지? 그렇다면 말의 이름에는 어떤 의미가 들어 있는 걸까? 동물 '말'의 어원은 명확하게 밝혀지지 않았어.

이럴 때에는 이웃나라를 살펴볼까? '가축'을 뜻하는 말이야. '말'과 소리가 참 비슷해.

몽골어 : 모리
만주어 : 모린

뜻도 연관이 있을 가능성이 높지. 말은 몽골이나 만주와 같은 북방 민족에서 전해졌다고 보는데, 그렇다면 이름도 함께 전해지지 않았을까?

중국어와 일본어 사전에서 '말'은 '크다'라는 뜻이 들어 있다고 설명하고 있어. 한자로는 '마(馬)', 우리말은 '말', 일본어 '우마'까지 아주 비슷해. 특히 풀이나 벌레 중에 큰 종의 이름에 붙인다고 나와 있지. 우리 동물 이름에도 '말-'이 들어간 게 많아.

말벌, 말매미, 말나리, 말조개, 말거머리

모두 큰 벌레와 풀에 '말-'이 붙었어. 또 다른 이야기도 있어.

ᄆᆞᆯ 〉 맏(마루) 〉 말

맏(마루)는 우두머리, 큰 것, 높을 것을 뜻하는 순우리말이야. 머리, 맏이(첫째), 용마루, 고갯마루 등으로 그 흔적이 남아 있어. 말의 어원이 '맏/마루'인지, 그냥 '말'인지는 정확하지 않지만 품고 있는 뜻에는 모두 '크다'가 들어 있는 거야.

'말-'이 들어간 동물 이름이 많네요?

'말-'이 붙은 이름은 비슷한 동물 중에서 큰 종에 붙여요. 매미 중에서 가장 덩치가 큰 매미를 말매미라고 하고, 벌 중에서 가장 덩치가 큰 벌을 말벌이라고 하지요.

🔴 초원을 달리던 말

우리나라에서는 말을 언제부터 길렀을까? 아마도 청동기 시대 이전부터 우리나라에서 말을 길렀던 것 같아. 지금 우리나라에 남아 있는 유일한 토종말은 '제주조랑말'이라고 불리는 '제주마'야. 토마, 향마, 과하마라고도 하지. 옛날 기록을 보면 고려 충렬왕 때에(1276년) 몽골이 세운 원나라에서 160마리를 들여와 제주도에서

조선 시대의 말은 중요한 교통수단이었어.
제주도뿐만 아니라 육지에도 말 목장이 많았지.
그림은 조선 시대의 말 목장이야.

우리나라 선비들은
특히 모자를 멋지게 썼어.
선비들의 갓 중에 최고로 치는 것이
바로 말총(말 꼬리털)으로 만든 것이었지.

갓

키웠다고 해. 지금 남아 있는 제주마의 조상인 셈이지. 하지만 몽골에서 말을 들여오기 이전부터 우리나라에서 전통적으로 기르던 말도 사실 몽골의 말과 같은 종류라고 해.

  소나 개에 견주면 말이 가축이 된 역사는 짧았을 거라고 짐작하지. 드넓은 초원을 힘차게 빨리 뛰어다니는 야생 말을 보면 가축으로 삼기에 쉽지 않았을 거라는 걸 짐작할 수 있어. 말을 보면 지금도 친구들과 고무줄놀이하고 놀았던 마당과 말총머리를 했던 친구가 생각이 나. 너희들도 기운찬 말처럼 친구들과 즐겁게 뛰어놀길 바랄게.

박쥐

🔴 마을과 멀어진 박쥐

한여름 밤 마당에 멍석을 펴고 그 위에 얇은 이불을 깔고 온 식구가 앉았어. 옥수수를 먹다가 마냥 누워서 별을 보기도 했지. 전깃불은 필요가 없어. 생각보다 별빛과 달빛이 환해서 잘 보이거든. 이럴 때 가끔 검은 새처럼 보이는 무리가 휘리리릭 떼지어서 부엌 쪽으로 날아가는 게 보였어. 제비보다는 조금 작은 것 같고, 나방보다는 커 보였지. 우리 집 옛 부엌은 가마솥이 걸려 있었고, 나무를 때서 밥을 했기 때문에 천장이 까만색이었어. 그리고 천장도 높았지. 밤에 찾아든 낯선 검은 새(?)떼는 부엌 천장으로 몰려 가더니 나오지 않고 조용했어. 아버지가 말씀하셨지.

"박쥐가 왔네. 옛날에는 아주 많이 왔었어. 요새는 잘 안 보이더니 박쥐가 다 왔네."

박쥐라고? 만화영화 제목으로만 듣던 '황금박쥐'말고는 본 적이 없는 동물이었지. 우리 동네에도 박쥐가 산다는 걸 처음 알았어. 하지만 밤에 나타났고 가까이에서 볼 수 없었기 때문에 여전히 낯설지.

　박쥐는 사람에게 해를 주지 않아. 온순한 편이야. 손으로 잡으면 두 손 안에 쏙 들어오는 정도의 크기이고, 잔털이 많아서 부드럽다고 해. 우리나라에도 꽤 많았던 박쥐들을 지금은 보기 어려워. 박쥐는 많은 시간을 동굴에서 보내는데 그런 동굴은 최근에

관박쥐

박쥐는 논과 같은 습지에 사는 작은 동물들을 잡아먹고 사는데, 논도 줄어들고 농약 사용 등으로 박쥐의 먹이가 점점 줄어드는 것도 박쥐를 보기 힘들게 하고 있어. 집도 먹이도 넉넉지 않으니 박쥐가 점점 멀어지고 있는 거지.

관광지가 되어 버렸지. 또 동굴이 위험하다고 입구를 막아 놓은 곳도 많아. 옛날 우리집 부엌처럼 사람이 사는 집에도 이제 박쥐가 쉴 곳은 거의 없어. 밤에 인공조명이 많은 곳은 싫어하니까 사람이 많이 사는 도시에서 박쥐를 보기는 더욱 어렵지.

🔴 생태를 잘 반영한 이름 박쥐

박쥐는 새가 아니야. 날아다니는 포유류지. 소나 말처럼 새끼를 낳아 젖을 먹여 키우는 동물이야.

박쥐라는 말은 어디서 왔을까? 생김새가 쥐를 닮아 '쥐'라는 이름이 붙은 것은 알겠는데, '박'의 뜻이 궁금해졌어. 조선 시대의 옛 책을 보니까, '붉쥐'라고 적혀 있네. '붉'은 밝다는 뜻이야. '밝은 쥐', 그러니까 '밤눈이 밝은 쥐'라는 뜻인 거지. 어떤 학자는 '밤[夜]'+'쥐'가 합쳐진 거라고 주장하기도 해.

붉 + 쥐
밤 + 쥐

이렇게 어원을 살펴보니까 어떠니? 둘 다 밤에 활동하는 박쥐의 생태를 잘 반영한 이름이야.

'박쥐' 이름에 밤에 활동한다는 의미가 들어 있다고요?

맞아요. 생김새를 보고 지은 이름도 많지만, 동물의 생활과 특징을 잘 알아야 지을 수 있는 이름도 많아요.
이름을 지은 사람들은 박쥐의 생태를 잘 알았을 거예요.

● 전통문화에 등장하는 박쥐들

박쥐를 보면 무엇이 가장 먼저 생각날까? 박쥐 그림을 자세히 보고 있자니까 영화에서 보았던 드라큘라가 떠올랐어. 서양의 전설에 나오는 흡혈귀 말이야. 그래서 많은 사람들이 박쥐를 무서워하기도 하지. 실제로 서양이나 중동 지역의 신화와 전설에서 박쥐가 불길한 동물로 등장하기도 하지. 또 날짐승과 들짐승 사이 어디에도 끼지 못하는 모호하고 희귀한 동물로 여기기도 하고.

중국에서는 '박쥐 蝠(복)' 자가 '복 福(복)' 자와 모양도 비슷하고 소리도 같아서, 박쥐를 복을 가져다주는 동물로 여기고 있지. 같은 한자 문화권이기 때문에 우리나라에서도 박쥐는 복을 뜻해. 우리나라 문화재를 보면 박쥐 그림이 꽤 많아. 공예품이나 가구뿐만 아니라 건물에도 박쥐 문양을 넣기도 해. 박쥐 다섯 마리는 다섯 가지 오복(五福)을 기원하는 거지. 오래 살고, 부유하고, 건강하고,

덕을 베풀고, 죽음을 편하게 맞는 것을 오복이라고 했어.

박쥐는 포유동물인데, 관심이 적고 연구가 깊이 되지 않았어. 우리나라에는 25종쯤 되는 박쥐들이 살고 있어. 이 가운데 환경 변화에 적응하기 어려워해서 보호가 필요한 종도 많아. 황금박쥐라는 별명을 가진 '붉은박쥐'와 '토끼박쥐', '작은관코박쥐' 등은 멸종 위기의 야생동물이야. 이 외에도 여러 종이 최근 찾아보기 어려워졌어. 이름만 들어도 흥미롭고 관심이 가는 박쥐들인데, 만나 보기도 전에 이미 멸종 위기를 겪고 있다니 마음이 아파.

밤에 활동하기 때문에 사람들 눈에 잘 띄지 않지만, 분명 우리나라에는 박쥐들이 살고 있다는 사실을 기억하고 관심을 가져보자.

경복궁에 있는 자경전 십장생 굴뚝이야.
박쥐 문양이 굴뚝 옆면에 새겨져 있어.

원숭이

● **우리나라에 살기 전부터 친근했던 동물**

"치키치키 차카차카 초코초코초
치키치키 차카차카 초코초코초"

만화 주제가의 시작을 알리는 노랫말이야. 혹시 들어봤니? 엄마 아빠는 아마도 다들 아실걸. 이 가사만 들으면 노래를 이어서 할 수 있어.

"나쁜 일을 하면은
치키치키 차카차카 초코초코초
치키치키 차카차카 초코초코초
우리에게 들키지."

여기서 우리는 누구일까? 손오공과 저팔계와 사오정, 그리고 삼장법사를 말해. 이 만화는 바로 손오공이 주인공인 《서유기》를 토대로 삼아 만든 거란다.

　우리나라에 본디 원숭이는 살지 않았지만, 손오공이 나오는 소설 《서유기》가 조선 시대에 대단한 인기를 끌면서 신기한 동물 원숭이는 우리에게도 친숙한 동물이 되었지. 물론 그전에도 원숭이는 사람들이 다 아는 동물이었어. 띠를 따질 때에도 빠지지 않고, 시간을 볼 때에도 오후 3~5시를 신시(申時)라고 했지. 신(申)을 상징하는 동물이 원숭이야. 사실은 띠보다 시간과 날짜를 세면서 만들어진 것이 12지야. 우리나라에는 삼국 시대 초기에 이미 12지신상이 있었으니까, 우리나라 사람들에게 우리나라에 살지 않는 동물인 원숭이가 알려진 역사는 대단히 길지.

12지신상 중 원숭이

🔴 원숭이는 한자말

어릴 때 본 만화 때문인지, 나도 실제로 원숭이를 못 보았을 때에도, 원숭이는 참 친근하게 느껴지는 동물이었어.

'원숭이'라는 이름도 이리 보고 저리 봐도 순우리말 같아. 그런데 원숭이는 한자에서 왔고, '잔나비'가 원숭이를 뜻하는 우리말이래.

잔(잰) + 납 + 이 = 잔나비, 잰나비
       [원숭이]

'납'이라는 고유어가 바로 원숭이를 뜻하는 거지. '잔(잰)'은 '재빠르다, 날래다'라는 뜻이야. 어떤 국어학자는 '재'가 '잿빛(회색)'에서 왔고, '잰나비〉잔나비'가 되었다고도 해. '잔(잰)'의 뜻은 그렇다 하더라도, 나는 '납'이라는 글자가 원숭이를 뜻하는 우리 고유어라는 것이 가장 놀라웠어.

납 = 원숭이
원성(猿猩) 〉 원숭이

원숭이는 원숭이를 뜻하는 한자 '원성(猿猩)'에서 유래한 거야. 오랑우탄을 이르는 말인 '성성이'도 '성성(猩猩)'이라는 한자말이야.

원숭이가 한자말이라고요?

원숭이는 순우리말로 '납'이라고 했어요. 어른들이 원숭이띠를 잔나비띠라고 말하는 것을 들어본 적 있나요?
이때 말하는 잔나비가 바로 원숭이를 뜻하는 말이지요.

● 원숭이는 동물원을 좋아할까?

오늘날 동물원에서 가장 자주 만나는 동물이 아마도 원숭이일 거야. '동물원 원숭이 보듯한다'는 말도 쓰잖아. 애정 어린 눈빛이라기보다는 그저 구경거리 삼아 볼 때에 자주 쓰이는 말이지. 원숭이는 까불까불 나불나불 언제나 장난기 많은 개구쟁이 모습으로 영화에 등장하기도 하고.

그런데 말이야, 모든 동물에게 엄마의 사랑은 비슷한가 봐. 중국에서 전해지는 옛이야기 하나 들어보렴. 한 병사가 배를 타면서 어디선가 새끼 원숭이를 잡아와 배에 실었어. 배는 떠나고 새끼를 잃은 어미 원숭이가 물가에서 울부짖으며 절벽을 타고 배를 따라왔어. 중국 양자강의 협곡은 깊고도 험했지. 100리를 쫓아가 배가 강기슭에 닿자 어미 원숭이가 배에 뛰어올랐어. 하지만 너무나도 지쳐 그 자리에서 죽고 말았대. 죽은 어미 원숭이는 너무 애통한 나

여우원숭이

머지 몸속의 창자가 토막토막 끊어져 있었다지 뭐야. 어미 원숭이의 창자가 끊어질 만큼 큰 슬픔을 두고 '모원단장(母猿斷腸, 엄마 원숭이의 끊어진 창자)'이라는 말이 생겨났지. 좁은 동물원 우리에 갇혀 있는 동물들도 혹시나 '단장'의 아픔에 빠져 있는 것은 아닐까?

동물원의 유인원

침팬지

긴팔원숭이

오랑우탄

긴팔원숭이, 침팬지, 고릴라, 오랑우탄은
사람과 매우 가까운 종이야.
그래서 '유인원'이라고 통틀어
부르는 이름이 있지.
동물원에서 자주 볼 수 있는
유인원들이야.

돼지

● '새끼 돼지'를 부르는 이름은 무엇일까?

 꿀꿀꿀 돼지만큼 친숙한 동물이 있을까? 한자에서 사람들이 사는 집을 뜻하는 '가(家)' 자를 보자. 위에 지붕처럼 생긴 것[宀, 집 면]이 집을 뜻하는 글자이고, 그 안에 있는 글자는 돼지를 뜻하는 글자야. 바로 돼지 시(豕). 집 가(家) 자는 만들어진 지 아주 오래된 한자야. 돼지를 뜻하는 글자가 그 속에 있는 걸 보면, 돼지는 무척 오래된 가축임을 짐작할 수 있지.

 가장 오래된 가축은 개라고 알려져 있어. 먹이가 사람과 비슷해서 사람이 사는 곳 근처로 몰려들고, 먹이를 주는 사람을 따랐을 거야. 돼지도 사람과 먹이가 비슷해. 잡식 동물이지. 요즘엔 직접 기르는 집이 적지만 가축으로 기른 역사가 참 길기 때문에 친숙하지.

 나는 한 가지 궁금증이 생겼어. 왜 아기 돼지를 부르는 이름이 없을까 하는 거야. 다른 친숙한 가축들을 생각해 봐. 새끼 소는 송아지, 새끼 개는 강아지, 새끼 닭은 병아리라고 하잖아.

🔴 어른 돼지를 뜻하는 말은 '돝(돋)'

어원을 찾아보니 그 까닭을 알 수 있었어. 그 이유는 참 간단했어. 돼지라는 말 자체가 '새끼 돼지'를 뜻하는 말이었던 거야.

소 + 아지 ⟶ 송아지
말 + 아지 ⟶ 망아지
개(가히) + 아지 ⟶ 강아지

'-아지'가 연결되면서 동물의 새끼를 가리키는 말이 되었어. 돼

돼지

지를 뜻하는 본디 말은 '돝(돈)'이야. 어른 돼지가 돝이라고 불렸던 거지.

돝(돈) + 아지 ⟶ 돼지

본디 돼지를 가리키던 '돝'이란 말이 지금도 살아 있어. 함경도나 전라도에서는 여전히 돼지를 돝이라고 해.

🔴 깨끗하고 똑똑한 돼지

나는 아직 돼지가 나오는 꿈을 꾸어 본 적이 없어. 너희는 어떠니? 돼지 꿈을 꾸었다고 하면 좋은 일이 생길 거라고 말하지. 어떤 일을 새롭게 시작할 때에 고사를 지내기도 하는데, 이때 행운을 상징하는 웃는 얼굴을 한 돼지머리를 올려놓고 빌어. 돼지는 새끼

그래서 돼지를 '도야지'라고도 불렀던 거군요?
도야지가 사투리가 아니었어요.

그래요. 지금도 어른들이 도야지라고 하는 경우가 많지요.
사투리가 아니고, 사전에도 올라있는 표준말이랍니다.
'돝(돈)'이 어른 돼지를 뜻하는 말이었어요.

를 많이 낳아. 어미 돼지는 한꺼번에 10마리 이상 낳기도 하지. 자연스럽게 풍요를 상징하는 동물이기도 해. 이렇게 좋은 뜻을 많이 품은 동물 돼지는 반대로 아주 부정적인 이미지도 많아.

못생김에 돼지, 게으름에 돼지, 뚱뚱함을 비하할 때 돼지, 탐욕스러움에 돼지를 연결하지. 우리나라만 그런 게 아니야. 동서양을 막론하고 많은 문화에서 나타나는 일이야. 사실은 어떨까? 돼지를 불결하다고 생각하는데 사실 돼지는 똥 눌 곳과 잠자리를 철저하게 구분하고, 특히나 목욕하는 것을 참 좋아하며 보금자리도 깔끔히 하는 동물이야. 그리고 지능도 돌고래나 개와 견주어도 뒤떨어지지 않는대.

토종돼지는 새끼를 6~8마리,
개량종은 10~12마리를 낳는다고 해.

젖먹이 동물 _ 55

꿈에 나타나는 돼지는 복권을 살 만큼 행운의 상징으로 여기면서도, 겉모습을 보고는 뚱뚱하다고 싫어하는 사람의 눈이 조금 이상하게 느껴지지 않니?

흑돼지

멧돼지는 야생에 사는 돼지를 말하고,
흑돼지는 검은 돼지를 말하지.

토끼

💬 내가 본 동물 중 가장 빠른 동물

    토끼 사냥을 따라간 적이 있었어. 어릴 때였지. 겨울이었고 지난밤에 눈이 아주 많이 와서 온 마을과 온 산이 모두 하얗게 된 아침이었어. 아빠, 삼촌, 오빠를 따라 뒷산으로 갔지. 높지 않고 험하지 않은 산이야. 눈이 많이 온 날은 생각보다 춥지 않고 포근해.

    산중턱에 다다르자, 토끼 한 마리가 나타났어. 사냥꾼이 된 아빠와 삼촌과 오빠는 토끼를 쫓았지. 토끼는 정말 빨랐어. 그때 나는 멀찍이서 구경만 했기 때문에 생김새는 잘 기억나지 않지만 튼튼한 뒷다리가 마치 몸의 절반을 차지하는 것처럼 크게 보였고 힘차게 발차기를 하며 앞으로 펄쩍펄쩍 훌훌 뛰어 갔어. 세 명이 쫓았지만 결국 토끼는 잡지 못했지. 토끼를 뒤쫓던 사냥꾼들은 신 나게 달리기를 끝낸 운동선수들처럼 하하하 웃으며 토끼를 보냈어.

    어릴 때 보았던 그 토끼는 알고 보니 '멧토끼(산토끼)'였어. 우리나라 남한 지역에서 볼 수 있는 것은 거의 모두 멧토끼야. 털 색깔이 밤색이거나 거무스름했지. 멧토끼는 굴을 파지 않고 살기 때문에 사냥꾼들이 뒤쫓으면 굴속이나 땅속으로 몸을 숨기는 게 아니라 뛰어서 도망치는 거야.

멧토끼

우리나라에는 멧토끼와 생토끼 두 종이 살아. 멧토끼는 우리나라 어디서나 볼 수 있고, 생토끼는 북한의 높은 산에서 산다고 알려져 있어.
생토끼는 '우는토끼'라고도 하는데, 멧토끼와 달리 몸집도 쥐처럼 작고, 다른 토끼들과 달리 '찍찍' 소리 내어 운다고 해.

'토끼기'를 잘하는 토끼

'토끼다'라는 말 들어봤니? '도망가다'라는 뜻이야. 어떤 국어학자는 '토끼다'라는 말이 동물 이름 토끼와 연관이 있다고 말해. 멧토끼가 산에서 뛰는 것을 보았기 때문에 나는 이게 맞는 거 같아. 하지만 토끼의 정확한 어원이 밝혀지지는 않았어. 토끼를 뜻하는 한자가 음이 같은 '토(兔)'라서 한자에서 유래했다는 주장도 있거든. 다만 조선 시대의 책에서 토끼 이름이 어떻게 변화해 왔는지는 정확하게 알 수 있지.

톳기 〉 톡기 〉 토끼

재밌는 점은 몽골어로 토끼를 '툴래(tuulai)'라고 하는데, 이 낱말의 말뿌리가 '툴(둘)'이라는 거야. 토끼의 어원인 '톳, 톡'과 비슷하지. 그러고 보면, 아주 오래 전에는 중국이나 몽골, 우리나라가 토끼를 비슷한 이름으로 불렀을 가능성도 높아.

조선 시대의 민화 속 토끼

🔴 멧토끼와 집토끼는 달라

가축이나 반려동물로 집에서 키우는 토끼를 봤다면, 토끼가 펄쩍펄쩍 뛰어서 토끼는 모습을 보기 어려울 거야. 가축으로 기르는 것은 '집토끼'야. 영어로 '래빗(rabbit)'이라고 하면 집토끼를 말해. 유럽굴토끼가 가축으로 기르는 토끼의 원래 종이야. 멧토끼와 다르게 굴을 파고 사는 습성이 있지.

집토끼가 새끼를 낳으면 몸에 털이 없어. 그래도 따뜻한 굴속에서 살기 때문에 괜찮아. 반면, 멧토끼의 새끼는 태어날 때부터

집에서 기르는 토끼는 대부분 눈이 빨갛고 털이 새하얗지.
유럽에서 온 굴토끼의 한 종류야.

털도 있고 눈도 곧바로 뜨며, 하루 정도 지나면 움직일 수 있지. 따로 집을 짓고 살지 않는 멧토끼는 그렇게 진화했나 봐.

토끼는 참 친근한 동물이야. 소리를 내지 않기 때문에 조용하고, 사람을 공격하거나 물지도 않지. 상추나 풀잎을 주면 잘 받아먹어. 맛있게 오물오물 먹는 모습을 보고 있으면 기분이 좋아지지. 옛이야기 속에 등장하는 토끼들도 무척 순해. 힘은 약하지만 꾀가 많아 어려움을 슬기롭게 극복하는 캐릭터가 대부분이야. 달에서 방아를 찧으며 산다는 이야기는 모르는 사람이 없을 정도야. 고구려 시대의 벽화에도 달에 사는 토끼가 그려져 있어. 달에 계수나무가 있고 그 아래 토끼가 방아를 찧고 있다는 이야기는 아주 오래된 문화였어. 예나 지금이나 토끼는 지혜와 평화를 상징하는 동물이야.

토끼처럼 어원이 밝혀지지 않은 이름도 있군요?

우리말 '토끼다(도망가다)' 또는 한자어 토(兎), 옛 글자 '톳, 톡'이 토끼의 이름과 연관이 있을 수 있어요. 모두 다 연관이 있을 수도 있고요. 이렇게 찾아보다가 새로운 말을 알아낼 수도 있겠지요.

고라니와 노루

● **고라니는 좋은 동물일까, 나쁜 동물일까**

한강변을 달리는 버스를 타고 가다 보면 가끔 고라니가 뛰어가는 것을 볼 수 있어. 도심에 있는 한강 강가에 큰 동물이 살고 있다니 환경이 깨끗해진 것 같아. 반갑고도 신기해서 버스 안에서 고라니를 더 오래 보려고 목을 쭉 빼고 보았지.

고라니

먹이를 찾아 논밭에 온 고라니야.
사슴이나 노루와 달리 뿔이 없지.

지난겨울 농사를 짓고 계신 부모님 댁에 갔었는데, 고라니 때문에 시금치를 못 먹게 되었다고 하셨지. 시금치는 밭에서 길러도 겨울에 얼지 않아. 추운 겨울을 보내고 나면 단맛이 더욱 많이 나서 우리 식구들이 아주 좋아하는 반찬이야. 그런데 고라니가 남김없이 깨끗하게 먹어버렸다니 무척 아쉬웠어. 또 부모님이 애써 농사지은 걸 누군가 몰래 먹어버린 것 같아서 아까웠지.

예전에 드물었던 동물이 많아졌다니까 반갑기도 한데, 한편에서는 농작물을 먹어버려서 농부들은 번거롭게 밭에 울타리를 쳐서 고라니를 막기도 하지. 고라니는 사람에게 좋은 동물일까, 나쁜 동물일까?

● 사람들과 서식지가 비슷한 고라니

우리나라에는 사슴과 동물이 5종 살아. 고라니, 노루, 꽃사슴, 사향노루, 누렁이. 그런데 꽃사슴은 야생에서는 멸종을 했고 동물원이나 가축으로 기르는 곳에 조금 있을 뿐이지. 사향노루는 '사향'이라는 향신료를 얻으려고 몰래 잡는 사람이 많아서 최근 보기 힘들어졌어. 이름도 낯선 누렁이는 백두산 근처에 사는 동물이라서 지금 우리는 볼 수 없고.

우리나라에서는 고라니와 노루 두 종류만 야생에서 볼 수 있는 사슴과 동물인 거야. 노루는 산속에서 살기 때문에 사람 눈에 잘 띄지 않고, 고라니는 물가나 마을 근처에서 주로 살기 때문에 사람들 눈에 자주 띄는 거지. 예전보다 개체 수도 늘었다고 해.

고라니는 물을 좋아해. 사람들이 자연스럽게 이룬 마을은 대개 냇가나 강가에 있지. 그래서 사람들과 고라니가 사는 서식지가 비슷한 거야. 그렇다 보니 우리나라의 큰 동물 가운데에 교통사고를 가장 많이 당하는 동물이 고라니래. 우리는 농작물을 걱정하지만, 고라니는 목숨을 위협당하고 있었어.

몸 빛깔이 노래서 노루

고라니와 비슷한 노루는 '노랗다'라는 말에서 이름이 유래했다고 해. 일본에서는 노루가 살지 않는데, 이름을 '노로'라고 해. 우리나라 말인 노루가 일본에 건너간 거야. 실제로 경상도에서는 노루를 '노로'라고 하고, 옛 책에도 '노로'라고 써 있는 것도 있으니 믿을 만한 이야기지.

노루와 고라니는 색깔이 비슷해서 이름의 뜻도 비슷하군요?

동물의 몸 색깔은 첫눈에 보이는 특징이에요. 이름에 색깔이 들어간 것이 참 많지요. 뚜렷하게 구별을 해 주는 특징이니까요.

고라니는 관심이 적어서 그런지 아직 이름의 유래가 정확히 밝혀지지 않았어. 그런데 우리말 가운데 털빛이 누런 말을 일컫는 '고라말'이라는 낱말이 있어. 동물인 말과 관련이 있는 우리말들은 몽골에서 유래한 경우가 많은데, 고라말도 그런 경우야. 몽골어로 털빛이 누런 말을 '쿨라(qula)'라고 했는데, 그게 '고라'로 바뀐 거지. 고라니도 누런색이잖아. 그럼 고라니의 '고라'도 고라말의 '고라'와 같은 뜻이 아닐까?

노루 = 노랗다
고라니의 '고라' = 노랗다

노루

이런 초식 동물이 땅이나 서식지와 비슷한 색을 띠는 까닭은 다른 동물의 눈에 잘 띄지 않기 위해서야. 숨어 있기에 도움이 되는 보호색이라고 하지. 사람을 공격하는 동물이 아니야. 고라니가 좋은 동물일까, 나쁜 동물일까 고민하지 않기로 했어. 동물을 좋은 동물, 나쁜 동물, 벌레를 익충, 해충으로 구분하는 것은 사람의 기준이야. 동물의 입장에서 생각해 보면 동물들에게는 사람이 가장 무서운 동물이 아닐까?

몸에 흰 점이 많아 마치 꽃송이들이 묻어 있는 모습이야. 꽃사슴을 일본에서 '대륙사슴'이라고 하는 걸 따라서 우리나라 몇몇 학자들도 대륙사슴이라고 한다는데, 꽃사슴이라는 정겹고 예쁜 이름이 참 잘 어울려.

꽃사슴

작은 동물

지렁이

🔴 가축처럼 가까운 동물 지렁이

작고 길고 꼬물거리는 벌레를 좋아하는 사람은 그리 많지 않겠지? 그런데 나는 지렁이는 징그럽지 않아. 어릴 때부터 자주 봐서 그런가 봐. 마당 한 구석에 언제나 두엄자리가 있었어. 소똥, 닭똥을 모으고 지푸라기를 넣고 마당에서 뽑은 풀도 던져 쌓고 비닐이

지렁이 몸을 자세히 보면 굽은 털이 많이 나 있어.
하지만 다리는 없지. 반면 지네, 갯지렁이 등은
작은 다리가 무척 많아.

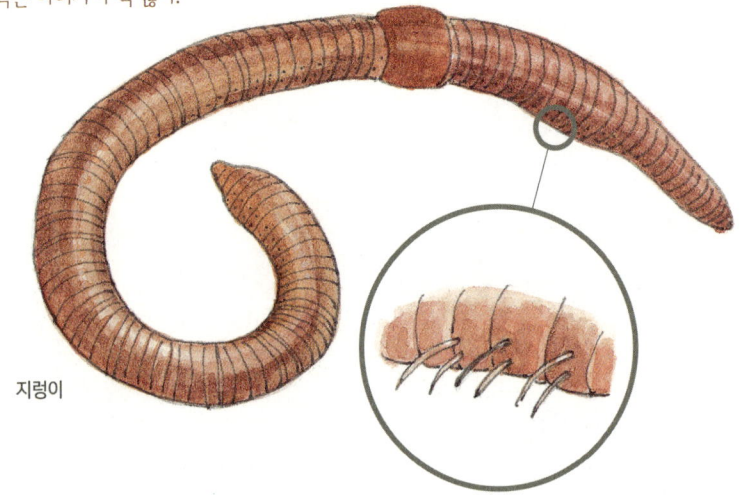

지렁이

나 낡은 멍석을 덮어 놓지. 밭이나 논에 뿌릴 거름을 만드는 거야. 거름을 옮기는 날 속을 들춰 보면 쾌쾌하면서도 구수한 냄새가 나고 지렁이들이 우글우글해. 지렁이는 우리 집에 살던 또 다른 가축이나 다름없었어.

비 오는 날 길에도 지렁이는 자주 만날 수 있어. 땅속에 사는 지렁이는 비만 오면 땅 위로 올라오지. 비를 좋아해서 그러는 걸까? 알고 보니, 빗물이 땅속으로 들어가면 숨을 쉬기 어려워져서 밖으로 나오는 거래. 지렁이도 숨을 쉬는구나!

사실 숨을 쉬지 않는 동물은 없지. 땅속에 살아도 물속에 살아도 숨을 쉬어. 땅속에도 물속에도 공기와 산소가 있으니까 동물이 살 수 있는 거야.

● 한자에서 유래한 이름 지렁이

지렁이 이름은 발음하기도 좋고 듣기도 좋아. 순우리말 같아. 그런데 지렁이는 의외로 한자에서 유래한 이름이야.

지룡(地龍) + 이 〉 지렁이

한의학에서는 약으로 쓰는 지렁이를 가리킬 때에 '토룡'이라는 말을 쓰지.

토룡(土龍) [뜻] 지렁이. 지룡과 비슷한말.

　또, 구인(蚯蚓)이라는 이름도 써. 자주 볼 수 없지만 재미있는 한자를 하나씩 알아볼까?
　'구(蚯)'는 '흙 벌레'라는 뜻이고, '인(蚓)'은 활처럼 구불구불하고 늘었다 줄었다 하는 벌레라는 뜻까지 포함하고 있어. 지렁이가 움직이는 모양을 잘 나타내지.
　다른 나라에서도 지렁이 이름은 흙(땅)과 관련이 있어. 영어 어스웜(earthworm), 프랑스어 베르 드 떼르(ver de terre), 그리스어 게오스콜레카스($γεωσκώληκας$)는 모두 말 그대로 해석하면 '땅(흙) 벌레'야. '지룡, 토룡, 구'와 뜻이 같지? 문화가 달라도 자연과 동물을 바라보는 눈은 참 비슷한 거 같아.

지렁이가 한자에서 유래한 이름이었군요?

'지룡(地龍)'에서 '지렁이'가 되었지요. 이제는 발음과 글자까지 많이 변해서 한자어와 함께 쓰이지 않지요. 한자에서 유래가 되었다고 해서 모두 한자말이라고 할 수는 없답니다.

🔴 사람보다 지구에 먼저 살았던 동물

지렁이는 공룡이 살았던 중생대에도 지구에 있던 동물이야. 사람은 중생대가 끝나고도 한참 지나서 신생대에 나타났지. 진화론으로 유명한 생물학자 다윈이 일생 동안 가장 오랫동안 연구했던 생물도 지렁이였어. 지렁이가 땅을 일구어 흙을 숨 쉬게 한다는

지렁이 똥

우리 눈에 잘 띄지 않지만 땅속에는 수많은 지렁이들이 살고 있어. 그리고 사람이 지구에 나타나기 전부터 지렁이는 살고 있었지.

걸 다윈도 알았으며, 지렁이가 제구실을 하지 않는다면 지구에 여러 동물들이 살기 어려웠을 거라고 했지. 다윈은 죽기 몇 달 전에 지렁이에 관한 책(1881년)을 발표했고, 여러 책에서 지렁이에 대해 언급했을 만큼 지렁이의 생태적 역할과 중요성을 알고 있던 과학자야. 생물학자로서 연구를 시작할 무렵부터 죽기 전까지 지렁이에 대한 관심이 높았어.

지렁이가 땅을 비옥하게 한다는 걸 안 것은 아주 오래전부터이며, 지렁이는 다산과 풍요, 재생을 상징하는 벌레로 여겼는데, 최근에는 환경에도 도움을 주는 중요한 생물로 주목받고 있어.

우리나라에서도 최근 지렁이를 더욱 적극 이용하고 있어. 음식물 쓰레기를 지렁이 먹이로 주어서 쓰레기를 거름으로 바꾸고, 지렁이가 싼 흙 똥을 모아 유기농 작물을 기르는 데에 쓰기도 해. 또 지렁이를 따로 길러서 식품이나 약품으로도 쓰고 있지.

이렇게 중요한 동물이며 사람들이 기르게 되자, 우리나라는 2004년 법을 바꾸어서 지렁이를 가축으로 인정했어. 지렁이를 기르는 농가도 늘어나고 있지. 그래! 농촌 마을에서는 예전에도 지렁이는 가축이나 다름없었지.

불가사리

● 상상의 동물 불가사리와 그물에 걸린 불가사리

불가사리를 생각하면 별 모양이 떠올라. 모양이 예쁘지. 그런데 어민들에게는 달갑지 않은 동물이야. 조개나 해조류를 먹기 때문이지. 그렇다고 불가사리를 사람이 먹을 수 있는 것도 아니거든.

별불가사리

아무르불가사리

우리나라 가까운 바다에서 가장 흔하게 볼 수 있는 별불가사리와 최근 개체 수가 늘어 문제가 되고 있는 아무르불가사리야.

작은 동물 _ 73

반갑지 않은 불가사리가 그물에 딸려 올라오면 어민들은 잘라서 바다에 버려. 그런데 칼로 잘라도 불가사리는 죽기 않아. 플라나리아나 히드라처럼 잘라내도 살아나지. 대단한 재생 능력 때문에 전설의 동물 불가사리와 같은 이름으로 부르게 되었어.

전설의 동물 불가사리 들어 봤니? 불가사리는 우리 옛이야기에 등장하는 상상의 동물이야. 쇠를 먹고 온몸이 쇠로 되어 있었대. 우리나라 어디서나 전해오는 유명한 이야기야. 상상의 동물인데도 어떤 모양이었는지 자세하게 설명되어 있지.

💬 불가사리는 죽지 않는 동물?

상상의 동물 불가사리는 한자어 이름에서 나왔어.

불가살(不可殺) [뜻] 죽일 수 없다.
불가살 + 이 ⟶ 불가살이 〉 불가사리

또 다른 해석도 있어. '불' 자가 우리말이라는 거지.

불[火] + 가살(可殺) + 이 [뜻] 불로만 죽일 수 있다.

몸이 쇠로 되었으니까 칼이나 화살로는 잡을 수 없고, 불로만 녹여 없앨 수 있다는 거야.

이렇게 상상의 동물을 가리키던 이름이 바다 생물에게 쓰이게 된 것은 언제부터일까?

조선 후기 정약전은 《자산어보》에서 불가사리를 민간에서 '개부전'이라고 부른다고 했는데, 그게 무슨 뜻인지는 모르겠어. 보통은 '오귀발이' 또는 '삼바리'라고 불렀는데, 오귀발이는 흔히 볼 수 있는 불가사리들이 다리가 다섯 개라서 붙은 이름이야. 그런데 불가사리를 자세히 살펴보면 다섯 개의 다리 중에서 세 개를 주로 움직여서 이동을 해. 다리가 세 개라는 뜻의 '삼바리'란 이름은 그래서 붙은 거야. 그러니 바다 생물 불가사리를 불가사리라고 부른 것은 그리 오래된 일은 아니야. 아마 일제 강점기 때부터가 아닐까 싶어.

불가사리라는 이름이 참 예뻐요. 그런데 뜻은 어마어마하고 무시무시하네요?

생물의 특징을 보고 상상의 동물을 떠올린 거예요.
현실 세상에 없는 상상의 동물 이름을 붙였지만, 잘 죽지 않는 실제 생물의 특징을 잘 반영했어요.

여러 가지 불가사리들

한자어로는 바다의 별이라는 뜻의 해성(海星), 영어로는 스타피쉬(starfish) 또는 씨스타(sea star)라고 해. 모두 생김새에서 비롯된 이름이야. 우리나라에서 발이 다섯 개 달렸다고 오귀발이라고 한 것과 비슷해.

🔴 불가사리의 번성은 환경 오염의 원인이 아니라 결과

바닷속이 오염되었다며 보여주는 사진에는 어김없이 불가사리가 등장하지. 그러다 보니 불가사리만 득시글하고 다른 물고기나 물풀이 없는 것이 꼭 불가사리 때문에 일어난 일처럼 오해하기도 해. 어민들이 기르는 조개나 성게까지 집요하게 먹는 아무르불가사리를 본다면 완전히 틀린 말은 아니야. 그런데 바다 오염의 원인은 따로 있어. 지구 온난화에 따른 수온의 상승, 오염 물질 증가, 대규모 양식장 등이 원인이지. 아무르불가사리가 활개 치는

다 자라면 길이가 30cm에 달하는 커다란 고둥이야.
빈 껍데기로 나각이라는 나팔을 만들어 써서
나팔고둥이라는 이름이 붙었다고 해. 불가사리의 유일한 천적으로
알려져 있어. 요즘 우리나라의 바닷가에 사는 나팔고둥으로
불가사리를 줄이려는 노력을 하고 있어.

나팔고둥

것은 바다 오염의 원인이 아니라 결과야.

그리고 외래종인 아무르불가사리를 제외하면 다른 불가사리들은 인간의 삶에 특별한 영향을 끼치지 않는다고 하지. 우리 바다의 생태계가 최근 아주 많이 바뀌고 있어. 대부분의 원인은 인간의 생활과 연관되어 있는 거야.

최근 아무르불가사리를 줄이려고 노력하고 있어. 어민들의 피해를 줄여야 하니까. 우리나라 가까운 바닷가에 살고 있는 커다란 고둥인 나팔고둥으로 퇴치 방법을 찾고 있어. 나팔고둥은 불가사리를 잡아먹는 천적이야. 천적을 이용한 방법은 환경을 오염시키지 않겠지. 생태계가 더 파괴되지 않는 방법을 찾은 거야.

대게

🔴 대나무를 닮은 게

　산골 마을에 살아서 나물 맛은 알았지만 게나 조개를 먹을 기회가 별로 없었어. 어른이 되어서야 대게를 먹게 되었지. 푹푹 쪄서 빨갛게 된 게를 놓고 살을 발라 먹는데 맛은 좋은데 발라 먹는 일이 쉽지 않더라고. 특히나 기다란 다리의 속살을 먹으려면 낑낑대며 한참 걸렸지.
　대게는 우리나라에 사는 약 180종의 게 가운데에 가장 크지. 덩치가 큰 게를 보며 '대게'라는 이름이 '큰 게'라는 뜻인줄 알았더니

'큰 게'라는 뜻인줄 알았어요.

발음이 비슷해서 헷갈리는 경우가 많아요. 황소도 그랬지요. '황'이 누를 황(黃) 자가 아니라 '크다'는 뜻의 우리말이었듯이, 대게의 '대'도 큰 대(大)가 아니라 '대나무'의 '대'를 뜻한답니다.

작은 동물 _ 79

그게 아니었어. 게의 다리 모양이 '대나무'를 닮아서 '대게'라는 이름이 되었대.

한자로는 대게를 '죽해(竹蟹), 대해(大蟹)'라고 하는데, 여기서 해(蟹)는 '허물을 벗는 벌레'라는 뜻이 있어.

💬 대게를 보호하기 위한 약속

대게는 우리나라 동해, 일본의 동쪽 바다, 알래스카, 그린란드 등 수심이 깊고 차가운 바다에 살아. 우리나라에서 대게를 잡는 때는 겨울부터 봄, 즉 12월부터 5월까지로 정해져 있어. 대게가 동해에서 남해까지 이동하는 시기야. 살이 차고 맛도 좋을 때지. 6월부터 11월까지는? 보호하기 위해 대게를 잡는 것을 금지하고 있어.

1930년대에 대게는 정말 많이 잡혔대. 그러다 1960년대부터 크게 줄었지. 그래서 대게를 잡지 않도록 금지 기간을 정한 거야. 또 등껍데기가 9cm가 안 되는 것과 암컷은 잡을 수 없도록 법으로 정하고 있지. 대게를 잡아도 되는 12월부터 5월까지가 암컷이 알을 낳는 기간이야. 새끼가 자라는 6~11월을 그래서 더욱 엄격히 금지하는 거야. 어린 게까지 잡아먹으면 대게가 멸종할 수도 있으니까 말이야. 맛있다고 약속을 어기고 다 잡아먹다가는 대게도 대게라는 이름도 사라질 거야.

매미

● 여름과 함께 들려오는 소리, 맴맴

맴맴 매미 소리가 들려온다면 뜨거운 여름이 시작되는 거야. 매미는 우리나라 어디서나 볼 수 있어. 여름을 가장 여름답게 만드는 곤충이지.

더운 여름 한낮, 나무 그늘에 앉아서 매미 소리를 들으면 시원한 기분이 들어. 매미는 야행성 곤충이 아니야. 그런데 요즘은 한밤중에도 시끄럽게 울어 대지. 빛이 밝은 도시에서 밤에 자주 소

매미의 허물벗기

굼벵이라 불리는 매미 애벌레는 땅속에서 몇 년씩 지내고, 땅 위로 올라와 어른벌레가 되어서는 열흘 남짓 사는 것으로 알려져 있지. 하지만 알려진 것과 달리 매미는 땅 위로 올라와 허물을 벗고 짝짓기 하고 알을 낳을 때까지 한 달 이상 살아.

리가 들려. 그 소리 중에서 말매미 소리는 사람들이 잠을 못 자게 할 만큼 커. 여러 마리가 울어 대면 정말 대단해. 귀가 따가워. 말매미가 우는 소리는 쇠를 깎는 소리 같아. 알고 보니, 우는 것은 수컷이야. 개구리처럼 짝짓기를 위해서 목청껏 울어.

　매미의 소리는 귀뚜라미와 달리 날개를 비벼서 소리를 내는 것이 아니야. 뱃속에 있는 막을 근육으로 움직여서 소리를 내지. 매미를 보면 배가 아주 크지. 이 배가 소리를 더욱 크게 하는 울림통 구실을 해. 밤에 우는 매미가 싫다고? 어두운 밤에는 매미가 시끄럽게 울어 대지 않아. 밤인데도 불빛이 너무 환해서 낮인지 알고 우는 거야.

● 맴맴 울음소리만 들으면 떠오르는 이름

　매미라는 이름은 매미의 울음소리를 나타내는 의성어 '맴맴'에서 유래했어. 일본에서는 매미 소리를 의성어로 '민민'이라고 쓰지. 참 비슷하지? 조선 시대에는 '맴'을 'ᄆᆡ얌'이라고 썼어.

매미는 울음소리에서 생긴 이름이었군요?

맴맴 매얌매얌, 매미의 생김새를 모르는 사람도 소리만 들으면 매미 울음소리인지 다 알잖아요. 모든 매미는 사람들에게 가장 먼저 소리로 존재를 알리지요.

미얌 + 이 〉 미야미 〉 매아미, 매야미 〉 매미

우리나라에서 흔히 만날 수 있는 매미 가운데 참매미가 '맴 맴 맴 매앰' 하고 울어. 참매미를 우리나라 매미를 대표하는 매미라고 해도 틀리지 않을 거야. 소리도 우리에게 가장 익숙하지.

참매미

우리나라에서 만날 수 있는 매미 이름을 더 알아볼까? 매미라는 이름 앞에 특징을 더해서 매미들의 이름이 만들어졌어.

소리에서 이름이 유래된 매미부터 만나보자.

유지매미

쓰름매미

* "지글 지글 지글 지글" 유지매미는 기름이 끓는 것 같은 소리를 내서 '기름매미'라고도 하지.
* 쓰름매미는 '쓰르라미'라고도 해.
  "쓰름 쓰름 따름 따름 쓰르르르르" 하고 울어.

크기와 생김새를 보고 이름 지은 매미도 있어.

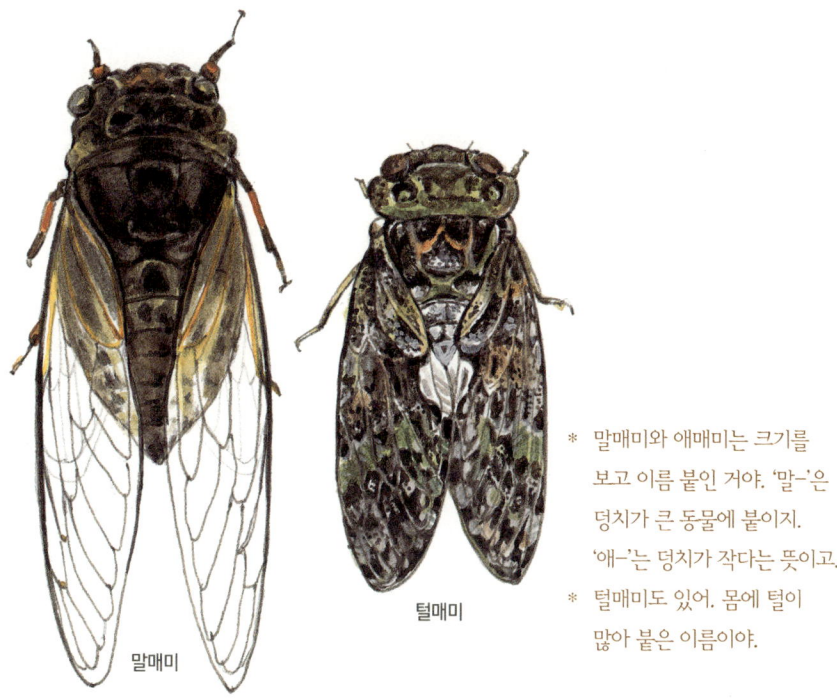

말매미

털매미

* 말매미와 애매미는 크기를 보고 이름 붙인 거야. '말-'은 덩치가 큰 동물에 붙이지. '애-'는 덩치가 작다는 뜻이고.
* 털매미도 있어. 몸에 털이 많이 붙은 이름이야.

애매미

작은 동물 _ 85

🔴 선비를 닮은 매미

매미가 사람들의 생활과 가까웠던 것이 요즘의 일만은 아닌가 봐. 오래전부터 사회와 종교에 영향을 끼쳤어. 매미 애벌레인 굼벵이가 땅속에서 올라와 껍질을 벗고 날개를 펼치며 매미가 되는 모습 때문에 불교에서 해탈을 상징하는 동물로 여기기도 했어. 도교에서는 껍질을 벗고 새로운 몸을 얻는 재생을 상징했고. 중국 민간에서는 제사용 그릇이나 약을 담는 도자기에 매미 문양을 그려 넣었지.

유교에서는 매미를 덕을 가진 곤충이라고 보았어. 맑은 이슬만 먹고 산다고 깨끗하다고 여겼으며, 사람의 곡식을 먹지 않으니 염치가 있다고 했고, 집을 짓지 않고 나무에 붙어서 사니까 검소하다

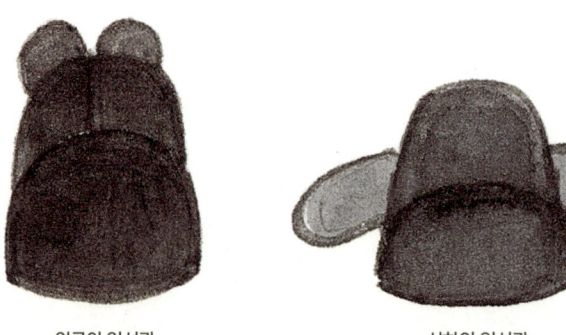

임금의 익선관 　　　　신하의 익선관

왕과 선비들이 나랏일을 할 때에 머리에 쓰던 모자야.
'익선관'이라고 해. '익(翼)'이 날개라는 뜻이야.
매미 날개와 같은 장식을 임금은 하늘을 상징해 위쪽에 붙였고,
신하는 땅을 상징해 옆으로 붙였어.

고 보았어. 또 때에 맞춰 나와 허물을 벗으니까 믿음이 있다고 했지. 이러한 생각 때문이었을까. 조선 시대 관리들이 쓰던 익선관에 매미 모양 장식을 붙였어. 옆 그림을 봐. 뒤쪽의 장식이 매미의 날개를 본뜬 거야.

    어떤 조선 시대의 선비는 시끄럽게 우는 매미를 보고 시를 지었어. 선비가 쓴 시를 한 편 볼까?

매미 맵다 하고
쓰르라미 쓰다 하네
…
우리는 초야에 묻혔으니
맵고 쓴 줄 몰라라

여기서 매미와 쓰르라미는 요란스럽게 살아가는 세상 사람을 비유하지. 매미 소리로 수백 년 전 옛 선비의 시를 공감할 수 있다는 게 참 재미있어.

부전나비

🔴 작고 앙증맞은 이 나비를 보았니?

우리나라 나비 이름 중 가장 긴 이름이 뭐라고 했지? 작은홍띠점박이푸른부전나비. 긴 이름에서 크기, 무늬, 색을 빼고 나면 맨 끝에 남는 이름이 '부전나비'야. '부전'이 무슨 뜻일까?

나는 부전나비가 있는지를 몰랐었어. 책으로 먼저 알게 된 나비야. 노랑나비나 호랑나비는 실제로 자연에서 만나면 잘 보이지만, 부전나비는 아주 작아서 눈에 잘 띄지 않거든.

알고 나면 보이기 시작해. 낮게 핀 작은 꽃에도 잘 앉아 있고, 잔디밭에서도 날개를 빨리 움직이며 날아다니는 걸 자주 볼 수 있어. 보물찾기를 한 것처럼 부전나비를 만나면 정말 반가워.

앉아 있을 때에는 날개를 접었

작은홍띠점박이푸른부전나비

다 폈다 접었다 폈다 하지. 날개를 접었을 때에 옆에서 보면 둥그스름한 세모 모양이야. 이 모양이 '부전'과 관련이 있어.

● '부전'의 뜻은 여럿

부전이 무엇인지에 대해서 여러 가지 이야기가 있어. 그 중 두 가지를 볼까?

1. 여자아이들이 차던 노리개. 색 헝겊을 두 쪽을 맞대어 만들어서 끈을 매어 차고 다님. 조개껍데기를 앞뒤로 붙인 것 같음.
2. 장구에서 끈을 조여 소리의 높낮이를 조절하는 것.

노리개 　　　　　　　　　　　　　장구

이 중에서 어떤 유래가 맞는 것인지는 정확하지 않아. 그런데 비슷한 것이 눈에 띄지? 바로 모양이 비슷해. 1, 2번 가운데에 어떤 뜻이라고 해도 모두 부전나비가 날개를 접고 앉아 있는 모양을 보고 이름을 지은 것은 분명해 보여.

🔴 관심을 가질 때 비로소 보이는 부전나비

우리나라에는 부전나비 종류가 50종이 넘어. 참 많은데 크기가 작아서 눈에 안 띄어서 그런지 사람들이 별로 관심을 두지 않는 것 같아. 아주 보기 힘든 종류들도 많지만, 푸른부전나비나 남방부전나비처럼 어디서나 흔히 볼 수 있는 것도 많지.

햇볕이 잘 드는 길가의 낮은 풀밭을 한번 살펴 봐. 잿빛의 작은 날개를 팔랑팔랑거리는 나비가 보일 거야. 작지만 색깔과 무늬가

부전나비라는 작은 나비가 참 많군요!

호랑나비나 노랑나비처럼 이름이 익숙하지 않지요? '부전'이라는 말을 요즘 잘 쓰지 않아서 그래요. 나비들을 진화한 순서로 놓고 보면 아마도 가장 진화한 나비일 거예요. 날갯짓도 잘하고 개채 수도 많아요. 앞으로 관심을 가져 보세요.

암먹부전나비

작은주홍부전나비

큰주홍부전나비

남방부전나비

산녹색부전나비

관심을 갖고 눈높이를 조금만 낮추면
수많은 부전나비들을 우리 주위에서도
만나 볼 수 있어.

무척 화려하고 예쁘지. 부전나비의 날개 윗면은 화려하고 예쁜데, 반대쪽인 아랫면은 칙칙한 잿빛이야. 날개를 팔랑거리며 날아다닐 때는 무늬가 잘 안보이고, 어딘가 앉았을 때는 날개를 접고 있을 때가 많아서 날개 아랫면만 보여. 그러니 얼핏 보면 칙칙하게 보일 수밖에. 부전나비를 발견하면, 인내를 갖고 관찰해 봐. 날개를 펼 때까지 말이야.

부전나비들 중에는 진딧물처럼 개미와 공생하는 종류도 있어. 담흑부전나비의 애벌레는 개미들이 좋아하는 물질을 몸에서 분비해. 개미들은 부전나비 애벌레를 발견하면 자기들의 집으로 데려가서 돌보면서 분비물을 핥아먹어. 그 대신에 애벌레는 개미들의 보호를 받으면서 먹이도 얻어먹는다고 해. 신기하지? 그런데 부전나비와 개미의 공생에 관해서는 아직도 밝혀지지 않는 게 너무 많대. 곤충을 좋아하는 친구라면 한번 연구해 보는 건 어떨까!

도롱뇽과 도마뱀

● 물에 사는 것은 도롱뇽,
  들에 사는 것은 도마뱀

　서로 다른 동물인 도롱뇽과 도마뱀을 왜 같이 살펴보느냐고? 나는 이 두 동물이 헷갈렸어. 책으로만 봤을 때에는 비슷해 보였지. 그러다 실제로 직접 보고 이름 공부를 하게 된 뒤 이제 헷갈리지 않게 되었어. 도롱뇽과 도마뱀 두 동물은 양서류와 파충류로 나뉘는데, 그 차이를 비교해서 보는 것이 두 동물의 특징을 알아보는 데에도 도움이 될 것 같아서 함께 살펴보려고 해.

　내가 자연에서 실제로 먼저 만난 동물은 도마뱀이었어. 가을에 잘 익은 감을 따고 있는데, 감나무 줄기로 무언가 재빠르게 올라가는 게 보였지. 휘리릭 올라가다가 멈추고 그러다 다시 재빠르게 휘릭휘릭 움직였어. 몸 색깔이 나무껍질과 어찌나 비슷하던지 눈을 크게 뜨고 숨죽이고 도마뱀을 보았어. 꼬리가 길어서 뱀처럼 생겼다는 생각도 들었고.

　도롱뇽은 그 뒤에도 한참 지나서 처음 봤어. 우리 시골 마을의 깊은 산속에 작은 개울이 흐르는데, 그곳에서 도롱뇽을 만났지. 얕은 계곡 물속에서 한 마리, 그 바로 옆 축축한 나뭇잎이 쌓인 곳에도 한 마리가 있었어. 도마뱀과 달리 도롱뇽은 그리 빠르지 않았어. 동글동글한 얼굴과 눈이 참 귀여웠지.

도마뱀은 파충류야.
뱀과 도마뱀이 대표적인 파충류 동물이야.
땅 위에서 살지.

도마뱀

도롱뇽은 개구리와 같은 양서류야. 물과 땅을 오가며 살아. 깨끗한 물이 있는 곳에서만 살 수 있어.

이끼도롱뇽

● 생태와 특징을 담고 있는 이름

지금 나도 원고를 쓰면서 '도롱뇽'을 맞춤법에 맞추어 쓰기가 쉽지 않아. 아마도 동물 이름 중에 가장 틀리기 쉬운 말일 거 같아. 옆 사람에게 한 번 써보라고 해 봐. 십중팔구 잘못 쓸 테니까.

도롱용, 도롱룡, 도롱농, 도롱용 (아니죠!)
도롱뇽 (맞습니다!)

도롱뇽에서 '도롱'은 아마도 '도랑'과 관련이 깊은 말로 추측해 볼 수 있어. 도랑을 옛말로 '돓(돌)'이라고 해. 폭이 좁고 작은 개울을 뜻하지. 실제로 도롱뇽이 사는 서식지와 같아.

다행이 도마뱀은 글씨 쓰기로는 어렵지 않아. 도마뱀의 이름에는 어떤 뜻이 들어 있는 걸까? '도마'는 '도막(토막)'과 관련이 있어. 도마뱀이 위험이 닥치면 꼬리를 끊어내고 도망간다는 거 알고 있지? 꼬리가 도막도막 끊어진 모습을 보고 이름을 붙였을 거야.

도롱뇽은 서식지, 도마뱀은 몸의 특징을 보고 지은 이름이었어. 실제로 두 동물을 서로 다른 서식지에서 만나고 나면, 아주 다르게 다가올 거야. 비슷한 동물로 여기지 말고 한 종 한 종 분명하게 알고 이름까지 기억해 준다면 더욱 좋겠지?

도마뱀과 도롱뇽을 비교하며 보니까 더 재미있어요!

공통점과 차이점을 알아내는 것이 동물과 식물 관찰의 첫걸음이에요. '분류'라고 하지요. 분류를 하면서 종의 특징을 알게 되어요.
더불어 도마는 토막, 도롱은 도랑이라는 말과 연관지어 생각하면 이름을 더욱 오래 기억할 수 있을 거예요.

● 멸종 위기를 겪고 있는 양서류와 파충류

우리나라에는 도롱뇽, 제주도롱뇽, 고리도롱뇽, 꼬리치레도롱뇽, 네발가락도롱뇽, 이끼도롱뇽과 도마뱀, 북도마뱀, 장수도마뱀, 아무르장지뱀, 줄장지뱀, 표범장지뱀, 도마뱀붙이가 살아.

표범장지뱀

표범장지뱀은 땅에 살고,
꼬리치레도롱뇽은 물에 살아.
두 종은 멸종 위기의 야생 동물이야.

꼬리치레도롱뇽

작은 동물 _ 97

내가 우리 마을에서 보았던 도롱뇽은 알고 보니 이 가운데 '꼬리치레도롱뇽'이었어. 지금도 잊을 수가 없어. 몸 빛깔은 누런색인데 알록알록하고, 피부는 촉촉해서 윤기가 흐르는 것처럼 보이지. 느릿느릿 긴 꼬리를 움직이며 걷는 모습은 참 귀여워서 만지고 싶은데, 만지면 부서질 것처럼 작고 여리게 생겼어. 작은 얼굴에 견주면 눈과 입이 커 보여. 동글동글 두 눈이 봉긋 위로 솟아 있고 입이 아주 커서 웃고 있는 것처럼 보이지.

뱀, 도마뱀과 같은 파충류와 개구리, 도롱뇽 같은 양서류는 아주 오래전부터 지구에 살던 생물이야. 지구에 생명이 생겨나고 물속에 살던 동물들이 땅으로 올라온 증거가 바로 양서류이기도 하지. 생명의 역사에서 가장 유명한 생물이 아마도 공룡일 텐데, 공룡은 파충류로 알려져 있어. 생명의 역사에서 중요한 양서류와 파충류가 멸종이 되어가는 것은 참 안타까운 일이야. 공룡처럼 사라지지 않고 표범장지뱀과 꼬리치레도롱뇽도 오랫동안 우리와 함께 살아가는 생물이 되었으면 좋겠어.

사마귀

🗨 자연에서 배우는 지혜

　자연에서 배운 것이 참 많아. 장수말벌이 집을 짓는 것을 보고 단단한 재료인 밀랍을 만들었고, 상어를 보고 전신 수영복을 만들었어. 헬리콥터는 잠자리 날개에서 착안했대. 거친 파도에도 바위에 단단하게 붙어 있는 홍합을 보고 물속에서도 접착이 가능한 물질을 만들었으며, 연잎과 같은 식물을 보고 물을 깨끗하게 정화하는 방법에 도움을 받았지.

　우리가 지금 살펴볼 사마귀에서는 무엇을 배웠을까? 재미난 것을 사람들이 보고 배웠어. 한때 유행했던 중국 무술 영화를 보면, '당랑권'이 있었어. '당랑'이 바로 사마귀라는 뜻이야. 사마귀의 행동을 보고 무술을 만들어 낸 거지.

　고사성어에 '당랑거철(螳螂拒轍)'이란 말이 있어. 뜻은 제 분수를 모르고 무모하게 강자에서 덤비는 행동을 빗댄 거야. 제나라의 장공이 수레를 타고 사냥을 가는데 사마귀가 막아섰다는 이야기에서 유래했어. 사마귀는 실제로 자연에서 만나면 사람을 보고 도

사마귀가 한자어에서 유래되었다고 보는 견해도 있어.
'사마'는 불교에서 생명을 뺏는 마귀를 뜻해.
사마귀가 위협적으로 생겨서 아마도 이런 이야기가 있는 거 같아.

망가기는커녕 낫처럼 생긴 날카로운 앞다리를 치켜세우고 위협적으로 덤빌 것 같은 자세를 잡아. 사마귀의 작은 얼굴을 자세히 들여다보면 역삼각형 얼굴에 큰 눈을 부라리며 쏘아보는 것 같지. 무술의 본보기가 될 만하지?

🔴 피부병과 같은 이름 사마귀

옛 문헌에서 이름이 어떻게 나와 있는지 살펴보았더니 곤충을 사마귀라고 말한 것은 없고, 피부병 중에 '사마귀'가 있어. 사마귀가 배설하는 액체가 살에 닿으면 피부병이 생긴다는 속설이 있는데 이것과 관련이 있는 거야. 실제로 사마귀는 위협을 느낄 때에 액체를 배설하는 습성이 있어.

현재 곤충을 부르는 이름 사마귀는 속설 때문에 피부병에서 그 이름이 유래되었다고 알려져 있어. 그런데 무엇이 먼저인지는 정확하지 않아. 곤충 이름 사마귀가 먼저인지, 피부병을 가리키는 사마귀가 먼저인지 말이야. 지금은 함께 쓰이지. 피부에 동그란 돌기가 생긴 것도 사마귀라고 하고, 곤충도 사마귀라고 해.

사마귀 알집

동물 사마귀와 피부병 사마귀가 정말 연관이 있을까요?

궁금하지만 지금까지는 밝혀지지 않았어요. 어떤 이름이 먼저 쓰였는지 알면 좀 더 어원을 밝힐 수 있을 거예요. 표준어 외에도 다양한 이름을 함께 살펴보는 것도 의미가 있어요.

● 불리는 이름이 이렇게나 많다니!

사마귀의 이름을 찾아보면서 재미있었던 것은, 우리나라 각지에서 부르는 이름이 무척이나 다양하다는 거야.

버마재비, 버미땅개미, 범땅개비, 호랑땅개비,
영가치, 오좀찌개, 오줌싸개, 연가시, 연가새, 오줌쌀개,
당의엥의, 만축, 말축, 곡죽베기

이 이름들이 모두 사마귀를 가리키는 거야. 또 옛 문헌에서도 다양해.

■ 옛 문헌에서 사마귀를 뜻하는 말 : 연가식, 어영가시, 당의야지

정말 많지? 곤충의 생김새와 생태가 사람들에게 강한 인상을 남겼던 게 분명해. 다른 어떤 곤충보다도 부르는 이름이 정말 다양하다는 게 그 증거야.

새

제비

● 사람이 사는 집으로 찾아드는 제비

집에서 동물을 기르고 싶어 하는 친구들 많지? 내가 어릴 때 우리 집에는 소, 개, 닭이 있었어. 마당에 한 자리씩 집이 있었지. 그런데 기르지 않아도 늘 찾아오는 동물이 있었어. 봄이 되면, 처마 밑에 제비들이 흙을 물고 날아와 집을 짓기 시작했지. 우리가 부르지 않아도 말이야.

희한하게도 신발을 벗어놓는 댓돌 바로 위에 집을 지었지. 거기에 집을 지으면 제비가 싼 똥이 신발에 떨어진다는 게 문제였어. 봄마다 있는 일이니까 어른들은 잘 알고 계셨어. 그래서 제비가 집을 짓기 시작하면 제비 집 바로 아래에 얇은 나무판을 대었지. 똥이 신발에 떨어지지 않도록.

제비가 찾아와 집을 짓는 것을 보고 있으면 정말 시간 가는 줄 몰라. 어디서 물어 왔는지 축축하게 젖은 흙덩어리나 지푸라기를 붙여서 집을 지었어. 집을 다 짓고 나서 며칠 간 조용하지. 학교 다니고 뛰어놀고 그러면서 잊고 있다가 어느 날 보면, 제비 집에서 쪼쪼쪼 찌찌찌 하는 작은 울음소리가 들려. 새끼가 깨어난 거야. 마루에 앉아 올려다보면 4~5마리 새끼 제비들의 입만 보이지.

뾰족한 입을 벌리고 찌찌찌 쪼쪼쪼 소리를 내면서 엄마를 기다려. 잠시 뒤 엄마 제비가 마당을 가로 질러 날아와. 엄마 제비 입에는 어김없이 새끼 제비들에게 먹일 작은 벌레가 있었어. 그걸 받아먹으려고 새끼 제비 여러 마리는 입을 집 밖으로 더 내밀어. 제비를 보는 재미에 나는 쏙 빠졌었어.

제비가 사람의 집에 들어와 집을 지을 수 있는 것은 사람들이 오랫동안 제비 집을 지켜주고 새끼 제비들을 해치지 않았다는 믿음이 있기 때문이 아닐까?

지지배배 지지배배 귀여운 소리로 우는 제비

　내가 기억하는 엄마 제비들의 울음소리는 '젯젯젯 짓짓짓'이었던 거 같아. 소리가 부드럽고 크기도 적절하니 듣기에 좋았지. 책을 보니까 제비 울음소리는 '지지배배'라는 글자로 써 있었어.

　세종 임금 때에 한글을 만든 뒤 나온 책에도 제비가 나와. 그때도 내가 어렸을 때처럼 제비가 흔한 동물이었나 봐. 거기에는 '져비'라고 써 있어.

　져비 〉 졉이 〉 제비

　제비의 어원은 정확하지는 않아. '접다'라는 말에서 왔다고 주장하는 사람도 있어. 날개를 접고 몸을 가장 작게 만들어 날렵하게 날아다니기 때문이라고 하지. 또다른 주장도 있어. '접접' 하고

날개를 접은 제비의 모습

우는 소리에서 이름이 나왔다는 거야. 내가 기억하는 '젯젯젯 짓짓짓' 울음소리와도 비슷해.

이번에도 주변 나라들의 제비 이름을 함께 볼까? 만주어로 제비를 '치빈'이라고 하는데, 그 원형은 '치비'야. 일본어로는 '쯔바메'인데, 원형은 '쯔바'야. 일본어에서 '쯔바'는 제비 울음소리에서 왔다고 해. 치비와 쯔바는 정말 제비라는 말소리와 비슷하지?

우리나라 옛 이름 : 져비
만주어 : 치비
일본어 : 쯔바

모두 울음소리를 듣고 이름을 지은 거라고 추측할 수 있어. 아직 정확하지 않지만 더 연구를 해볼 만하겠지?

제비가 울음소리나 날개를 접은 모습을 보고 지은 이름이라고는 생각도 못했어요!

최근에는 제비가 적어져서 날아다니는 모습이나 울음소리를 들을 기회가 줄어들어서 그런 거 같아요.
날개를 접고 날렵하게 날아가는 모습을 딴 이름이라고 해도, 울음소리를 흉내 내어 지은 이름이라고 해도 둘 다 모두 제비의 특징을 잘 담은 이름이에요.

제비

🔴 제비 집을 지켜줘

제비가 처마 한가운데에 집을 짓는 이유를 나중에 알고 보니, 뱀과 같은 위험한 동물이 접근하는 것을 최대한 막으려고 그러는 거래. 한쪽 구석에 지으면 뱀이 쉽게 올라와서 새끼를 잡아먹을 수도 있잖아. 또 사람들이 많이 지나다니는 곳에 집을 지어. 그래야 사람을 무서워하는 다른 야생동물들이 가까이 오지 못하거든. 그리고 사람이 사는 집에 집을 지었던 것은 예전에는 마을에 대부분 논이나 냇가가 있어서 제비가 집을 짓고 새끼를 기르기 좋은 곳이었기 때문일 거야. 논이나 냇가에서 집을 지을 수 있는 보드랍고 축축한 흙을 얻을 수 있었고, 그곳에 사는 작은 벌레들이 제비의 먹이였지.

요즘 시골 마을에서도 제비를 보기 어려워졌어. 젯젯젯 짓짓짓 울음소리도, 둥그스름한 소박한 집도, 전깃줄에 떼 지어 조로록 줄지어 앉아 있는 모습도 사라졌지. 사라진 원인이 정확하지 않지만 철새인 제비가 오지 않는 것은 더 이상 우리나라가 제비에게 살 수 없는 곳이 된 거겠지. 농약을 사용하여 먹이가 없어졌기 때문이라는 주장이 힘을 얻고 있어.

최근 반가운 소식을 들었어. 제비들이 우리나라 곳곳에서 발견되기 시작했어. 집집마다 제비가 돌아오지는 않았지만 빈 장터나 시장 근처에 집을 짓고 살고 있대. 그런데 제비가 집을 짓는 것을 처음 본 어떤 사람들은 제비 집을 없애기도 한대.

흥부와 놀부 이야기 알지? 제비가 박씨를 물어다 주는 이야기가 나오잖아. 오래된 이야기에서 희망을 물어다 주었던 제비, 가을이면 떠났다가 다시 봄에 돌아오는 철새. 봄마다 찾아오는 친구인 제비의 집을 허무는 일은 없었으면 좋겠어.

비둘기

🍷 평화의 상징이 '닭둘기'가 되다니

　20여 년 전만 해도 도심의 공원에는 커다란 비둘기 집이 있었어. 비둘기들은 자유롭게 날아다녔고 사람들은 비둘기에게 모이를 던져 주었지. '사랑과 평화의 새'로 사랑받았어. 그런데 지금은

집비둘기

우리나라에는 집비둘기 외에도 양비둘기, 흑비둘기, 멧비둘기 등이 살고 있어. 이 가운데 흑비둘기는 천연기념물 215호로 지정되어 있어. 양비둘기는 예전에 우리나라 전체에서 볼 수 있었지만 지금은 지리산 천은사 근처에서만 관찰되고 있어. 급격히 줄어드는 양비둘기도 보호해야 할 비둘기야. 양비둘기는 집비둘기와 비슷하게 생겼는데, 꼬리 끝이 검고 흰 띠가 있어서 쉽게 구별할 수 있어.

양비둘기

환경부에서 집비둘기를 유해 조수로 지정하여 먹이를 주는 것조차 금지되었지. 새똥은 건물을 더럽히기도 하고 산성이 강해서 건물의 수명을 단축시킨대.

이제는 사람들에게 사랑을 받는 것도 아니야. 뚱뚱하게 살찐 비둘기를 '닭둘기'라고 놀리는 뜻으로 부르기도 하지. 환경부에서는 퇴치할 방법을 찾아 적극적으로 개체 수를 줄이기로 했대. 사람들이 좋아해서 들여와 키우다가 개체 수가 많아지고 도심에 피해를 입히니까 해로운 동물이 되어버렸어. 비둘기는 그대로인데 비둘기와 사람의 관계가 바뀐 거지.

● 본디부터 닭과 비슷한 새

지금 도심에 사는 집비둘기는 유럽, 북아프리카, 서남아시아에 사는 '록 피존(rock pigeoin)'이 조상이야. 야생에 살던 이 비둘기를 사람들이 길들였던 거지. 기원전 3000년쯤에 고대 이집트에서 록 피존을 길들여 키웠던 기록이 있대. 아마도 이보다 훨씬 전부터 이집트와 메소포타미아 지역에서 비둘기를 길렀을 것으로 보고 있어. 그 뒤 인도, 중국, 그리스, 로마에서도 사육되면서 다양한 품종으로 개량되었어.

그럼 우리나라에 집비둘기가 들어온 것은 언제일까? 고려 시대에 비둘기를 길렀다는 기록이 있고, 18세기에는 유득공이라는 선비가 집비둘기의 종류와 기르는 법을 소개한 책을 남기기도 했어. 하지만 집비둘기가 우리나라에 들어온 것은 삼국 시대 이전부터일 거야. 물론 옛날에는 지금처럼 수가 많지는 않았겠지만 말이야.

16세기에 편찬된 책을 보면 비둘기를 '비두리'라고 적고 있어. 또 다른 책을 보니까 '비두로기, 비돌기, 비듥기' 등이라고도 써 있지.

산에서 주로 살아서 산을 뜻하는 옛말인 메(뫼) 자가 붙었어. 목에 물결무늬가 있어서 집비둘기와 쉽게 구분할 수 있지. 최근 개체 수가 늘어 도시에서도 볼 수 있어.

멧비둘기

어원은 정확하게 밝혀지지 않았어. 그러나 많은 학자들이 '닭'과 관련 있는 것으로 보고 있어.

비둘기 = 비 + 둘+ㄱ + 이
              (닭)

여기서 "둘+ㄱ"이 '닭'과 같은 뿌리라고도 해. 여전히 확실하지는 않아. 그렇지만 요즘 비둘기를 '닭둘기'라고 부르는 걸 보면 오래전 사람들도 비둘기를 보면서 닭을 떠올렸나 봐.

비둘기가 닭과 닮았다고 생각했는데, 이름에도 들어 있었군요?

맞아요. 옛 책에 '비둙기'라고 쓰여 있는 것을 보면 참 재미있지요. 둙과 닭은 글자가 정말 닮았잖아요.

까치

● 갖갖 우는 소리에서 온 이름

곧장 어원부터 알아볼까? 까치의 어원은 '갖'이야.

갖+이 > 가치 > 까치

그렇다면 '갖'은 무슨 뜻일까? 바로 까치의 '갖갖' 우는 울음소리야. '갖갖 하고 우는 새'가 까치인 거지. 제비의 이름에는 '접접 하고 우는 새'라는 뜻도 있었지? 꾀꼴꾀꼴 꾀꼬리, 뻐꾹뻐꾹 뻐꾸기처럼 울음소리로 이름을 지은 새들이 많아.

까치도 울음소리에서 온 이름이었군요?

아침에 '갖갖갖' 하고 우는 까치의 반가운 소리를 들어 보았다면 금세 이해가 될 거예요.

새에 관심을 가지고 울음소리를 들어보면, 밤에 우는 새가 있고 아침에 잘 들리는 새소리가 있어. 특히 까치 울음소리는 아침에 잘 들려오지. 아침에 집 뒤에 있는 나무에 앉아서 깢깢깢 깢깢 하고 큰 소리로 우는 까치 소리가 들리면 엄마 아빠께서 말씀하셨지.

"오늘 반가운 손님이 올 모양이네."

아침에 듣는 까치 소리를 좋은 징조로 여겼어. 재미있는 건 서양에서도 까치가 아침에 울면 손님이 온다고 믿었대. 그런데 정반대로 그 손님은 불행을 안고 오는 불청객이라고 생각했지. 비슷하면서도 서로 다른 문화가 재미있어.

육지에서 먼 섬을 제외하면 우리나라 어디에서나 흔히 볼 수 있는 텃새야.

까치

● 설날과 관련이 없는 까치

　우리에게 까치라는 말은 문화와 아주 관련이 깊지. 가장 큰 명절인 설날 전날 곧 섣달 그믐날을 '까치설'이라고 해. 크리스마스 앞 날을 '크리스마스이브'라고 하는 것과 비슷한 거지.
　까치와 설 명절이 무슨 관련이 있는 것일까? 결론부터 말하면, 동물인 까치와는 상관이 없어. 이때의 까치는 '아찬'이라는 말에서 나왔어. 작은아버지, 작은어머니라는 뜻의 아저씨와 아주머니라는 말도 '아찬'과 관련이 있어.

> **아찬 = '작은, 버금'의 뜻을 가진 옛말**
> **아찬설(아치설) = 까치설**

　〈설날〉이라는 노래 한 번쯤은 들어봤을 거야. "까치 까치 설날은 어저께고요 우리 우리 설날은 오늘이래요." 이 동요가 워낙 유명하다 보니까, 더욱 까치설을 동물 까치와 연관이 있는 것으로 생각하게 되었던 거 같아. 뜻은 다르지만 반가운 소식을 전하는 까치가 그다음 날 다가올 새해 첫날을 반겨주는 것 같아.
　까치는 옛이야기에도 많이 등장해. '은혜 갚은 까치', '견우와 직녀'에 나오는 까마귀와 까치도 고마운 주인공이지. 최근에는 개체 수가 많아져서 농작물에 피해를 주고, 원래 나무 위에 작은 나뭇가지를 엮어 집을 짓고 사는데 요즘 종종 전기 시설에 둥지를 틀어 전기 사고를 일으키는 주범으로 지목되고 있지. 아마도 요즘 까치 역사상 가장 미운털이 박힌 채 지내고 있을 거야.

　50여 년 전만 해도 산림청에서 까치를 잡지 못하도록 금지시켜 보호했고, 세계적인 조류 보호 단체와 우리나라 언론사가 함께 '나라 새'를 고르는 행사를 했었는데 압도적으로 까치가 뽑혔지. 까치가 우리나라의 새로 공식 지정된 것은 아니야. 나라의 새로 지정된 새는 아직 없어. 까치가 그만큼 사람들에게 친숙한 새였다는 뜻이지.

　현재 음력설을 설날로 보내기까지 여러 우여곡절이 있었어. 양력설만 설날이라고 하고 음력설은 구정이라고 불렀다가, 다시 음력설을 '민속의 날'이라는 이상한 이름으로 부르고 휴일도 딱 하루였다가, 음력설이 설날이라는 이름을 되찾고 고유 명절로 제자리를 찾은 것이 1989년이야. 겨우 25년 전쯤이었지.

까치

까마귀

🔴 신화 속에서 태양을 상징하는 새

검고 윤기 나는 털 때문에 까마귀는 멀리서도 잘 보여. '까악 까악' 우는 소리는 꽤 크고 요란하지.

그리스 신화나 이솝 우화에 등장하는 까마귀는 오만하고 탐욕스러우며 얕은꾀를 내는 캐릭터로 등장해. 반면 북유럽 신화나 북방 민족 이야기에 등장하는 까마귀는 신성한 새로 추앙받아. 북유럽 신화의 최고 신은 오딘(Odin)인데, 늘 두 마리 까마귀(후긴과 무닌)를 데리고 다니지. 지금도 북유럽에서 까마귀는 지혜를 상징하는 새로 여겨.

일본 건국 신화에도 까마귀가 등장해. 일본의 첫 번째 왕인 진무덴노[神武天皇(신무천황)]가 군대를 이끌고 나갔다가 길을 잃었는데 까마귀가 나타나 길잡이를 해 주었다고 해. 그래서 예전부터 일본에서는 까마귀를 신의 새로 여겼는데, 요즘은 수가 너무 많아져서 골치래.

우리나라는 어떨까? 역사나 옛이야기에 까마귀가 흉조로 등장하는 경우는 별로 없어. 오히려 신성한 새로 여겼지. 그중에 세 발 달린 까마귀란 뜻의 삼족오(三足烏) 이야기가 아주 유명해. 오(烏)가 까마귀라는 뜻이야. 옛날 동아시아 사람들은 태양에 삼족오가 살고 있다고 믿었어. 그래서 삼족오가 태양을 상징했지. 고구려 시대 무덤 벽화에는 삼족오 그림이 자주 보이지. 해와 달을 상징하는 연오랑 세오녀 이야기의 주인공 이름에도 까마귀를 뜻하는 '오' 자가 모두 들어있어. 신라에 살던 연오랑과 세오녀가 일본으로 건너가자 신라는 해와 달의 빛을 잃게 되었다는 이야기지. 검은 빛을 띠는 새가 태양이나 빛을 상징했어.

고구려 때에 만들어진 무덤 속 벽화에 있는 삼족오의 문양이야.

🔴 검은 빛깔을 담은 이름

역사 속에 등장하는 까마귀를 만나기 전에 나는 어릴 때에 어른들이 까마귀를 보면 불길하게 여기는 것을 보아왔어. 까마귀 떼가 나타나면 사람이 죽었나 보다 하는 이야기도 했지. 태양을 상징하던 새가 요즈음 우리나라에서는 그리 환영받지 않아. 그 이유는 아마도 까만색이 주는 어둡고 불길한 느낌 때문이 아닐까 싶어.

까마귀라는 이름도 몸 색깔에서 유래했어. 곰의 어원이 '검다'는 뜻의 '거마'에서 왔듯이, 까마귀의 '가마'도 비슷한 뜻이야.

가마(거마)+괴 = 가마괴 〉 가마귀 〉 까마귀

'괴'는 새를 뜻하는 '고리'와 같은 뜻이야. 새 이름 중에 '고리'와 연관된 이름이 많아. 형태는 조금씩 바뀌었지만 왜가리, 딱따구리, 곳고리(꾀꼬리의 옛말) 등에 흔적이 남아 있어.

까마귀는 말 그대로 '검은 새'라는 뜻이지. 일본어로 까마귀를 '카라스'라고 하는데 이 말의 어원도 '검은 새'라는 뜻이야.

카라스 = 카라[검다] + 스[새]

만주어에서도 온몸이 검은 말이나 개를 '카라'라고 해. 이웃 나라와 영향을 주고받았던 것 같지?

까마귀는 까맣다는 말에서 온 이름인지 알고 있었어요.

온몸이 검다는 특징을 잘 알고 있기 때문이겠지요. 색에 대한 생각도 바뀌나 봐요. 예전에는 검다는 특징을 보고 신성하게 여겼는데, 최근에는 불길한 새로 여기기도 하지요.

● 까마귀가 부모에게 효도를 한다고?

반포지효(反哺之孝)라는 고사성어 들어봤니? 새끼 까마귀가 늙은 어미 까마귀에게 먹이를 물어다 주는 효도를 한다는 뜻이야. 자식이 자라서 부모에게 은혜를 갚는 깊은 효심이 까마귀에게 있다는 거지.

사실도 그럴까? 결론부터 말하면 까마귀의 생태를 살펴봐도 새끼가 부모를 먹이는 습성은 없어. 다만 무리를 지어 살 때에 형이

큰부리까마귀는 숲속에 살아. 검은빛이 짙고, 부리도 다리도 모두 검어.

큰부리까마귀

나 누나뻘 되는 새가 더 어린 까마귀를 돌보거나 먹이를 가져다 주기는 해.

아름다운 이야기에 찬물을 끼얹는 것 같니? 가시고기나 물장군처럼 수컷이 알을 돌보는 것을 보면서 사람들은 아버지의 사랑을 상징하는 동물로 이야기를 만들기도 하지. 과학을 공부할 때에는 각각의 특성으로 봐야 하는 게 옳아. 다양성을 인정하는 바른 태도야. 사람의 생활에 비유하거나 사람의 기준이나 가치를 동식물에 덧씌우면 왜곡되기 쉽지.

까마귀는 마을이나 논밭, 강가에서 살아. 까마귀는 실제로도 간단한 도구를 이용할 정도로 매우 영리한 새야. 머리 나쁜 것을 비유할 때 새를 말하는데 새들이 그렇게 머리가 나쁘지 않아.

까마귀

해오라기(백로)

🔴 해오라기는 순우리말

이번에는 새하얀 백로를 만나보자. 백로는 여름철 푸른 논에서 흔히 볼 수 있었어. 몸집도 크고 껑충껑충 걸어 다니고 하얀 빛깔 때문인지 눈에 잘 띄어. 옛 시조나 그림에도 자주 등장하지.

가마귀 검다 하고 백로야 웃지 마라

조선 시대의 선비가 지은 시야. 그런데 생물 중에 '백로'라는 동물은 없어. 특정한 한 종을 가리키는 것이 아니라 비슷한 종들을 아울러 부르는 이름이지. 식물에도 그런 나무 이름이 있어. 바로 참나무야. 참나무라는 특정한 나무는 없어. 비슷하게 생기고 우리 주변에 흔한 상수리나무, 갈참나무, 졸참나무, 굴참나무 들을 모두 아울러 참나무라고 부르는 거야.

백로는 순우리말로 하자면 '흰 해오라기'야. 백(白)은 희다는 뜻이고, 로(鷺)는 해오라기를 뜻해. 우리말 해오라기의 어원을 알아볼까?

해오라기, 왜가리, 대백로 등을 모두 아울러서 '백로'라고 해. 백로과에 속한 새들은 물고기, 개구리, 뱀, 물속 곤충 등 물에 사는 작은 동물들을 먹고 살아.

해오라기

왜가리

대백로

노랑부리백로

쇠백로

황로

🔴 환한 빛을 내는 태양을 담은 이름

　해오라기를 써 둔 옛 책을 보면 표기가 아주 다양해. 히오리, 히오라기, 하야로비, 해야로비, 해아로비, 히아로비, 히오라비, 해오리. 해오라기를 뜻을 품은 가장 작은 말의 단위로 나눠서 보면 아래처럼 나누어 볼 수가 있어.

　　해(히) + 오라 + 기

새 _ 125

끝에 오는 '기'는 갈매기의 '기'처럼 새라는 뜻이야. 가운데의 '오라(올)'는 오리를 뜻해. '올히〉올이〉오리'로 단어가 변화해 왔어. 지금도 제주도에서는 '올히'라고 하지.

그렇다면 맨 앞의 '해'는 어디서 온 말일까? 바로 태양이야.

해오라기에게 태양의 뜻을 맨앞에 붙인 까닭이 무엇일까? 태양의 색깔과 관련이 있었어. 전통적으로 동양 문화에서 태양을 환한 흰색이라고 생각했어. 환한 대낮을 '백주'라고 해. 모든 비밀이 드러났을 때에 '백일하'에 드러났다고 표현하지. '백주, 백일하' 모두 태양의 색을 밝고 환한 흰빛이라고 말하는 거야.

한자말 말고도 우리말에서 자주 쓰는 단어도 있어. '해맑다'는 말 자주 들었지? 이 말은 '희고 맑다'는 뜻이야.

해(히) + 오라 + 기 → [뜻] '흰 오리 같은 새'

해오라기라는 이름이 낯설었는데, 뜻을 알고 보니 희고 큰 새가 떠올라요.

희고 맑은 색이며 물 가까이에 사는 특징을 잘 담은 이름인 거예요. 이런 새들은 서식지에 가지 않으면 볼 수 없지요. 깨끗한 물이 있는 곳에 가게 되면 한번 찾아보세요. 긴 다리로 겅중겅중 걷는 해오라기를 만날 수 있을 거예요.

● '해'는 으뜸과 힘을 상징

해는 높은 것, 으뜸인 것을 가리키는 말로 쓰여. 자연스럽게 우두머리인 왕을 뜻하게 되기도 하지. 몽골의 영웅 칭기즈칸[成吉思汗(성길사한)]에서 '칸'을 한문으로 한(汗)으로 쓰고, 몽골어로 '칸(카한)'이라고 읽어. 우두머리를 뜻하는 '칸, 가한, 한'이 모두 해와 관련이 있다고 보는 거야.

태양을 숭배하는 사상은 거의 모든 문화권에서 볼 수 있어. 태양은 높고 으뜸이며 힘을 상징하지. 태양에서 유래했을지 모르는 높고 크다는 뜻의 '칸, 한'은 우리말에 여전히 남아 있고, 그 뜻도 크다는 뜻 그대로야. 한강, 한새(황새), 한소(황소), 한물(큰물), 한비(큰비), 한숨 등이 있어. 해오라기의 이름을 다 풀고 났더니 해오라기가 더 멋있어 보이는걸.

두루미와 고니

🔴 오랫동안 사랑받아 온 겨울 철새 두루미

해오라기를 여름에 볼 수 있다면, 겨울에 찾아오는 흰 새도 있어. 바로 두루미야. 한자로는 학(鶴)이라고 하지. 겨울에 강원도 철원 들판이나 전라남도 순천만 갯벌에 가면 볼 수 있어. 두루미는 우리나라뿐만 아니라 온 세계가 함께 보호하려고 노력하고 있어. 남은 개체 수가 워낙 적기 때문이지.

두루미가 나는 모습

시베리아에서 여름을 나고
가을이면 우리나라, 중국, 일본에서
겨울을 나는 겨울 철새야.
머리(정수리) 부분이 붉은색이야.
그래서 붉을 단(丹), 머리 정(頂) 자를 써서
'단정학(丹頂鶴)'이라고도 하지.

두루미

직접 보기는 어렵지만 옛 그림이나 옷에서 많이 볼 수 있는 게 바로 두루미야. 두루미를 보면 우아함이라는 말이 딱 떠올라. 고상하고 기품이 있으며 아름답지. 장수를 상징하는 십장생에 포함되며 조선 시대 관리들이 입던 옷에도 수놓았어.

두루미는 몸이 흰 깃털로 덮여 있고, 날개 끝 깃털만 검어. 그래서 조선 시대 선비들이 평상복으로 입던 학을 닮은 옷을 '학창의(鶴氅衣)'라고 해. 두루미는 행복, 행운, 부부애 등을 상징하지. 좋은 뜻으로 가득해.

흉배

학창의

흉배는 조선 시대에 관리들이 입는 관복의
가슴과 등에 학이나 범을 수놓아 붙이던
사각형의 장식을 말해. 왕은 용을 수놓았고,
문관은 학을 수놓았어.

뚜루루 우는 두루미

두루미의 이름 뜻에 대해서 두 가지 유래가 있어.

하나는 '두루 날아다니는 새'이고, 또 다른 하나는 '울음소리를 흉내 낸 것에서 유래'한다는 거지. 어떤 것이 맞을까? 두루미의 소리를 직접 들어본다면 두 번째 뜻에서 유래했을 거라고 확신을 하게 되지. 두루미는 실제로 '뚜루루 뚜루루' 하고 울거든. 궁금하면 겨울에 엄마랑 아빠랑 철원이나 순천의 철새 도래지에 한번 가봐. 얼마나 우렁차게 우는지, 처음 들어도 두루미 울음소리라는 걸 금방 알게 될 거야.

다른 나라의 경우는 어떨까? 영어로 두루미는 '크레인(crane)'. 울음소리를 흉내 낸 '크란'에서 유래되었어. 일본어로는 '쯔루'. 일본학자들은 쯔루 역시 두루미 울음소리와 관련 있는 말이라고 해. 두루미의 학명은 그루스 자포넨시스(*Grus japonensis*). 그루스(Grus)라

두루미는 옛 그림에서 많이 보았으나, 울음소리를 들어본 적이 없어서 궁금해요.

정말 우렁차게 '뚜루루 뚜루루' 하고 울어요. 겨울에만 우리나라에 오는 철새라서 만나기 쉽지 않지요. 두루미 이름의 어원이 정확히 밝혀지지 않았지만 다른 여러 나라의 이름이 모두 울음소리와 관련이 있다는 것이 흥미로워요.

는 말은 라틴어로 두루미를 뜻해. 그루스도 두루미의 울음소리를 흉내 낸 말이야.

우리말 두루미의 어원은 정확하지는 않지만, 여러 나라의 말이 거의 모두 두루미의 울음소리와 관련이 있다는 것은 참 흥미롭지.

또 다른 겨울 철새 고니

두루미처럼 흰 새가 또 있어. 바로 고니야. 고니도 겨울에 우리나라를 찾는 겨울 철새야. 흰 새라는 것은 비슷하지만 고니는 다

고니

우리나라 문화재청에서는 고니류 전체(흑고니, 큰고니, 고니)를 천연기념물 제 201호로 지정했어.

리가 짧아. 경중경중 걸어 다니는 해오라기나 두루미와는 다르지. 모두 전 세계적으로 개체 수가 줄어들어 관심을 갖고 보호한다는 게 같아서 안타깝지.

고니라는 말은 정확하게 어디서 유래했는지 몰라. 고니의 이름에서 하고 싶은 말은 바로 '백조(白鳥)'라는 일본말이야. 백조는 일본에서 만든 한자어인데, 일제 강점기 때 고니라는 우리말을 대신해서 널리 쓰이기 시작했어. 우리에게 익숙한 별자리 '백조자리', 음악 '백조의 호수'도 당시 일본 사람들이 붙인 이름인데, 지금까지도 그대로 쓰고 있는 거야. 쉽진 않겠지만, 앞으로는 백조자리 대신 '고니자리', 백조의 호수 대신 '고니의 호수'라고 불렀으면 좋겠어.

# 매

🔴 매를 가리키는 이름이 여럿인 까닭은?

이런 노래 들어봤니?

갈까 보다 갈까 보다 임을 따라서 갈까 보다
바람도 수여 넘고 구름도 수여 넘는
수지니 날지니 해동청 보라매도 다 수여 넘는…

얼씨구~! 판소리의 한 소절이지. 그런데 수지니, 날지니, 해동청, 보라매가 다 무엇일까? 네 단어 모두 '매'와 관련이 있는 말이라니 놀랍지 않니? 수지니는 사람이 길들인 매를 말하고, 날지니는 산지니와 비슷한 말로 야생에서 나고 자란 매를 뜻하지. 해동청은 어떤 관청이 아니야. 해동청(海東靑)은 말 그대로 풀면 '우리나라에서 나는 푸른 매'라는 뜻이야. 마지막에 있는 보라매는 1년이 안 된 어린 참매를 뜻하고.

왜 이렇게 매에 대한 단어가 많을까? 사람들과 아주 밀접했기 때문이야. 우리 생활에 중요할수록 단어가 많아. 실생활과 연관이 많을수록 많이 만들어지고 쓰이지. 요리를 하는 말도 우리나라는 물로 끓이는 단어가 많은데(삶다, 고다, 찌다 등), 서양의 경우 불에 직접 굽다는 단어를 많이 쓰지(바비큐, 토스트 등). 이렇게 생활에 따라 자주 쓰이는 말도 다른 거야.

1년이 안 된 참매가 사람이 가장 다루기 쉬운 매라서 사냥에 많이 쓰였어. 보라매가 가장 사냥을 잘 하는 새였던 거지. 태어나서 1~2년 된 참매는 '초지니, 갈지니', 2~3년 된 참매는 '재지니'라고 불러. 1~3년 동안은 털갈이를 하면서 깃 색깔이 해마다 뚜렷하게 구분이 되어서 깃털을 보고도 구분을 할 수 있어.

옛 그림 속 매 사냥

매를 이용한 사냥은 역사도 아주 오래되었어. 고구려 고분 벽화에도 매를 데리고 있는 사람의 그림이 있어.

🔴 매 사냥에서 우주선 이름까지

매는 어떤 말에서 유래했을까? 아쉽지만 정확한 어원은 모르고, 새라는 뜻을 가진 오래된 낱말로 여겨지고 있어. 매는 '마', '말'로도 쓰였던 것 같아. 그걸 어떻게 아냐고? 지금은 잘 안 쓰는 옛말로 귀제비나 칼새 종류를 명매기, 명마기, 명마구리 등으로 불렀어. 여기에 '매'와 '마'가 들어가지. 또 갈매기라는 말에도 '매'가 들어가.

뿐만 아니라 일본어로 갈매기를 '카모메', 참새를 '스즈메', 제비를 '쯔바메'라고 불러. 일본의 언어학자들을 '메'가 무슨 뜻인지 모

매는 어원을 알 수가 없군요?

무척이나 오래전부터 쓰였기 때문에 어원을 모르는 거예요. 우리 글자가 생기기 전이고 어쩌면 누구나 다 잘 알고 있어서 설명이 필요 없는 이름일 수도 있겠지요. 그래서 '매'는 '새'를 뜻하는 단어로 학자들은 생각하고 있답니다.

참매

르는데, 우리 언어학자들은 새를 뜻하는 우리말 '매'가 전해진 거라고 생각하고 있어.

우리말 중에 매를 뜻하는 또 다른 말 '송골매'가 있어. '송골'은 몽골어로 매 또는 방랑자라는 뜻이야. 조선 시대에 펴낸 책《훈몽자회》에는 '숑골'이라고 적혀 있지. 그런데 흥미로운 곳에서 이 이름이 보였어. 2008년 우리나라 최초로 우주로 날아간 우주인이 있어. 우주인 이소연 씨가 입고 있던 우주복의 이름이 알려졌는데, '소콜 KV2'였지. 이때 소콜은 러시아어로 '매'를 뜻해.

매를 뜻하는 옛 이름인 숑골과 우주복 이름 소콜이 정말 비슷하지? 이 단어들의 연관성을 앞으로 더 연구해 봐야겠어.

하늘을 나는 매

식물

진달래와 철쭉

● **봄을 알리는 분홍빛 꽃**

고향 집의 뒷산은 바위가 많은 척박한 돌산이었는데 진달래가 정말 많이 피었어. 봄이 되면 분홍빛 꽃 산이 되었지. 진달래는 잎

진달래   잎

이른 봄 잎보다 먼저 꽃부터 핀 진달래

　보다 먼저 꽃을 피우기 때문에 풀빛은 보이지 않고 꽃만 보이니 그 색이 더욱 화려해 보였어.
　진달래는 우리나라 어디서나 잘 자라서 쉽게 볼 수 있어. 최근에는 원예용으로 개발된 진달래과 식물을 많이 심기 때문에 인공으로 조성된 공원이나 화단에서도 자주 볼 수 있지.
　겨울이 지나고 나서 꽃부터 피우는 진달래꽃은 아름다움과 강인함을 동시에 나타내지. 봄, 생명력, 젊은 여성을 상징하는 꽃이야. 봄을 시작하는 절기인 삼짇날(음력 3월 3일)에는 진달래꽃으로 화전을 부쳐 먹었고, 진달래꽃으로 술을 빚기도 했어.

● 본디 이름은 달래

진달래의 이름은 한자어와 우리말이 합성된 이름이야.

진(眞) + 달래

본디 이름은 '달래'였던 거지. 조선 초기에 쓰인 음악 책에 진달래의 이름이 나와. 이 책에 담긴 진달래가 나오는 고려가요(고려 시대의 시와 노래) 〈동동〉의 한 구절을 볼까?

3월 지나며 핀
아아 늦봄의 달래(둘욋) 꽃이여.
남이 부러워할 모습을 지니고 나셨구나 아아 동동다리

옛날에는 진달래를 그냥 '달래'라고 불렀음을 알 수 있어. 그럼,

진달래라는 이름을 '진'과 '달래'로 나누어서 생각해 보지 않았어요!

뜻을 가진 가장 작은 단위로 나누어서 이름을 보면 뜻을 찾아내기가 쉬워요. [진+달래=진짜 달래]라는 뜻이지요.
비슷한 식물들과 구별 지으며 이름이 바뀐 거예요.

철쭉

잎

꽃잎을 보면 철쭉에는 점점이
점무늬가 있어서 구별할 수 있어.
그리고 철쭉은 진달래보다 조금
늦게 꽃이 피며, 꽃부터 피는
진달래와 다르게 꽃이 필 때에
잎도 함께 나와.

'진-'은 어떻게 붙게 되었을까? 비슷하게 생긴 다른 꽃과 구별하면서 '진' 자가 붙은 거였어. 달래를 '참꽃'이라고도 했는데 진달래와 비슷한 철쭉을 '개꽃'이라고 불렀지. '참꽃'의 '참' 자가 한자어 '참 진(眞)' 자로 바뀐 거야.

● 비슷하게 생긴 철쭉은 순우리말일까?

진달래를 한자어로 두견화(杜鵑花)라고 해. 진달래꽃으로 담그는 술을 두견주라고 하지. 두견은 새 이름이야. 중국에 전해오는 이야기를 보면, 촉나라 임금이 억울하게 죽어서 두견이라는 새가 되었어. 어찌나 억울했던지 두견새는 피를 토할 때까지 울었고, 그 피를 묻은 자리에서 피어난 꽃이 진달래였대.

그렇다면 진달래와 꽃의 생김새가 비슷해서 많은 사람들이 헷갈리는 철쭉의 이름은 어디서 왔을까? 철쭉은 한자어 척촉(躑躅)에서 왔어. 한자 모양이 참 어렵게 생겼지? 척 자나 촉 자나 그 뜻은 같아. 모두 '머뭇거리다'라는 뜻이야.

진달래는 화전이나 술로 담가 먹을 정도로 독이 없지만, 철쭉꽃은 독이 있어. 풀을 먹이로 먹는 동물인 양이 독이 있는 철쭉꽃만 봐도 머뭇거려서 그런 이름이 붙었다고 해. 실제로 철쭉의 독은 그리 강하지는 않아. 배앓이를 할 수도 있으나 양이나 사람이 먹어서 죽을 정도로 독이 강하거나 독의 양이 많지는 않아.

은행나무와 메타세쿼이아

● 살아있는 화석 은행나무

　은행나무에 대해 아주 재미있는 사실을 알게 되었어. 우리나라나 중국, 일본에는 은행나무가 아주 많은데 서양에서는 오랫동안 멸종한 나무인줄 알았다는 거야. 그러다가 17세기 말 즈음에 독일 의사인 엥겔베르트 캠퍼라는 사람이 일본에 와서 은행나무를 보았어. 캠퍼는 네덜란드 동인도 회사에 소속되어 있어서 세계 곳곳에 다닐 수 있었지.

　그 뒤, 캠퍼는 여러 나라에서 경험한 것을 모아 책을 냈는데, 이 책에 은행나무를 소개했지. 뿐만 아니라 네덜란드로 돌아갈 때에 일본의 은행나무 씨앗을 가지고 갔어. 유럽으로 건너간 최초의 은행나무 씨앗이야. 캠퍼는 네덜란드의 식물원에 이 은행나무 씨앗을 심었대.

수나무에 핀 수꽃

암나무에 핀 암꽃

은행나뭇과에 속하는 식물들은 오래전에 멸종하고 오직 현재의 은행나무 1종만이 남았어. 암나무와 수나무가 따로 있어. 음양의 조화와 금실 좋은 부부를 상징하기도 해. 그래서 한 그루씩 짝을 지어 심는 경우가 많아.

🔴 살구를 닮은 은빛 열매

은행은 은행나무의 열매를 말해. 열매를 보고 이름을 지은 거지. 열매 모양이 '은빛이 도는 살구'를 닮았다고 해서 지어진 이름이야.

은(銀) '은색'이라는 뜻
행(杏) '살구'라는 뜻

은행 열매는 냄새나는 노란 열매 살에 싸여 있어. 물렁물렁한 열매 살을 없애면 딱딱한 씨앗이 드러나는데 이것이 은빛 살구와 비슷하다는 거야. 물론 크기는 살구보다 작아.

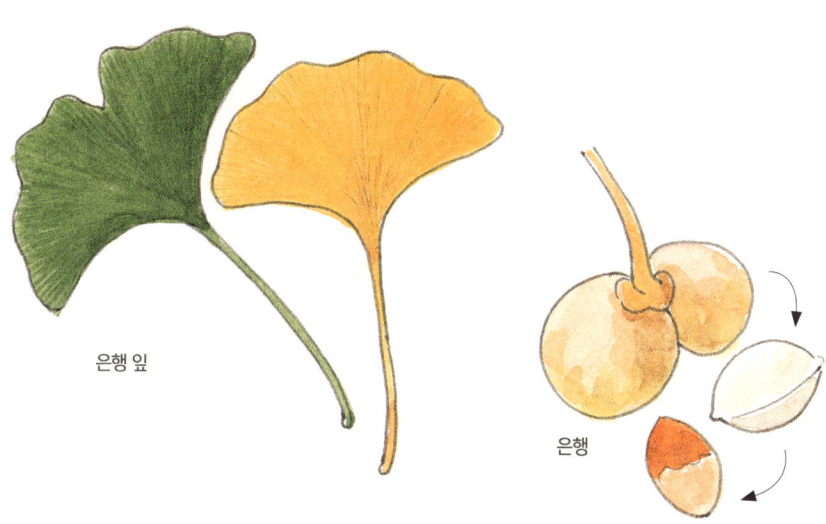

은행 잎

은행

원산지인 중국에서 은행을 부르는 이름은 다양해.

- 공손수(公孫樹) ; 할아버지 대에 심으면, 손자 대에 가서야 열매를 얻을 수 있는 나무
- 압각수(鴨脚樹) ; 잎 모양이 넓적한 물갈퀴가 있는 오리 다리를 닮은 나무

실제로 은행나무를 심고 나서 열매를 맺기까지 꽤 오랜 시간이 걸려. 그리고 잎을 보니 정말 오리의 다리랑 비슷해.

● 은행나무처럼 멸종한 줄 알았던 또 다른 나무

은행나무처럼 멸종했다고 알려졌던 나무가 또 있어. 메타세쿼이아(Metasequoia)라는 나무지. 우리나라에는 1950년대에 들어와

우리나라는 은행의 열매를 보고 이름을 짓고, 중국은 잎이나 생태적인 특징을 보고 이름을 지었다는 것이 흥미로워요.

그렇지요. 은행 열매를 깨끗이 씻어서 보면 색이 예쁜 '은색 살구' 같아요. 은행잎도 다른 나무들과 사뭇 다른 독특한 모습이에요. 그래서 여러 이름을 살피다 보면 식물의 특징도 자연스럽게 알 수 있게 되지요.

가로수로 많이 심었어. 메타세쿼이아 가로수로 유명한 길도 있지.

학명 그대로 불러서 서양의 나무 같지만 원산지는 이웃 나라인 중국이야. 메타세쿼이아도 서양에서는 은행나무처럼 멸종된 줄 알고 있었지만 중국에서는 자라고 있었어. 이 나무는 1940년대에 이르러서야 다른 아시아 나라들과 함께 서양에 알려지게 되지.

미국 하버드대학 부설 식물원에서 이 소식을 듣고 메타세쿼이아를 연구했대. 이후 하버드대학 식물원을 통해서 북아메리카와 유럽을 포함한 전 세계로 퍼지게 되었어.

세쿼이아라는 나무는 북아메리카에 본디 있었어. 세쿼이아 나무는 북아메리카 원주민 부족 중에 체로키족이었던 세쿼이아라는 사람을 기념해서 붙인 이름이지. 세쿼이아는 문맹과 신체 장애를 극복하고 혼자서 문자를 연구해서 '체로키 문자'를 완성한 사람이야. 문자가 없던 체로키족에게 대단한 일을 한 거지. 그 뒤 새로운 세쿼이아를 발견하자 '다음 것', '새로운'이라는 뜻이 있는 메타(meta-)가 덧붙어서 '메타세쿼이아'라는 이름이 되었어.

전라남도 담양의 메타세쿼이아 길

개나리

● '개-' 자가 붙으면 다 못난 것일까?

지금까지 동식물 이름의 어원을 꽤 많이 보았지? 그래서 이제는 '개나리' 이름을 보고 이렇게 다들 생각할 거야.

개 + 나리 = 개나리

'나리'는 백합과에 속하는 꽃들을 말하지. 그렇다면 '개-'는 무슨 뜻일까? '개-'의 반대말을 알면 뜻이 더 분명해질 거야. '개-'에 대비되는 말은 '참-'이야. 식물 이름에 특히나 '참-'이나 '개-'가 많이 붙어 있어. '개' 자로 시작하는 식물을 한번 볼까?

개여뀌 개쑥부쟁이 개똥쑥 개망초 개밀
개박하 개싸리 개솔새 개비름

그렇다면 '개-'라는 말은 어디서 유래했을까? 멍멍 짖는 개에서 유래했다고 생각하기 쉬운데, 동물 개와는 상관이 없는 것 같아. 어떤 말에 '개-'가 붙으면, 가짜, 질이 떨어지는 것, 쓸모없는 것이라는 뜻이 더해지지. 그렇다면 '개+나리'의 뜻은 이 가운데에 어떤 뜻일까?

💬 '개' 자의 또 다른 뜻은 야생의 것

갯벌이나 갯가를 말할 때에 물가를 뜻하지. 야생의 것이란 뜻도 있어.

개 [뜻] 강이나 내에 바닷물이 드나드는 곳

대부분의 식물들은 소금기가 많은 땅에서는 살 수 없어. 바닷가는 바람도 세고 식물들이 살기 더욱 힘들지. 그런데 그런 척박한 땅에 적응해서 사는 식물들이 있어. 이런 식물들 중에는 갯방풍, 갯강아지풀, 갯보리, 갯메꽃, 갯질경, 갯완두 등과 같이 '개(갯)-'라는 말이 붙은 게 많은데, 사람들이 먹거나 이용할 만한 게 별로 없어. 그래서 이런 생각이 들어. 사람들이 처음에는 바닷가 주변의 땅인 개에서 자라는 식물 이름에 '개-'라는 말을 붙이다가, 점차 쓸모없거나 질이 떨어지고 척박한 땅에서 잘 자라는 식물들에게도 붙이게 된 게 아닐까!

개나리는 물푸레나무와 같은 과야.
참나리와 같은 백합과 식물이 아니지.
그러니까 '가짜 나리꽃'이나 '나리꽃보다 못한
꽃'이라는 뜻은 아닐 가능성이 높아.

참나리

개나리

요즘 '개' 자를 붙여서 쓰는 말이 많은데,
개나리도 그런 줄 알았어요.

안 좋은 뜻이나 강조를 하려고 '개' 자를 붙여서 쓰는 말이
많아졌더라고요. '개' 자에 나쁜 뜻만 있는 것이 아니에요.
강인함을 나타내기도 하지요.

152 _ 동물과 식물 이름에 이런 뜻이?!

🔴 봄을 알리는 노란빛 꽃

추운 겨울을 보내다 보면 따뜻한 봄을 기다리게 돼. 봄이 다가올 때 가장 가까운 곳에서 노란 꽃을 피우며 봄을 알리는 대표적인 꽃이 개나리야. 산이나 들, 최근에는 길가나 울타리에 심어 기르는 개나리도 무척 많아서, 봄이 되면 노란 개나리를 어디서나 볼 수가 있지.

개나리의 학명은 포시티아 코레아나(*Forsythia koreana*)야. 원산지가 우리나라로 알려져 있어. 공해나 병에 강하고 별다른 영양분 없이도 아무 데서나 잘 자라. 줄기를 휘어서 땅에 묻으면 뿌리가 내리는 꺾꽂이로도 번식을 하고. 원산지답게 우리나라 기후에 알맞아서 번식도 잘 되기 때문에 널리 자라는 거야.

사람들의 관심이 있거나 없거나 봄이 되면 척박한 땅에서도 개나리는 노란 꽃을 가득 피우지. 봄에 노란 개나리꽃을 보거든 개나리의 이름 뜻을 기억해 주렴.

겉모습만 얼핏 봐서는 개나리와 구별하기가 어려워. 아주 비슷하게 생겼기 때문이지. 그리고 같은 종 내에서도 변이가 다양하고, 잡종도 많이 나오지. 우리나라의 자생 식물이야.

만리화

자작나무

🔴 추워도 봄에 잎을 틔우는 숲속의 귀족

눈처럼 희고 윤기 나는 줄기, 나무 모양새도 훤칠하고 멋있어서 가까운 곳에 자작나무를 심고 싶어 하는 사람이 많지. 자작나무는 숲의 귀족이라는 별명도 있어. 개나리가 도심에서도 잘 자라

는 데에 견주면 자작나무는 도심에서는 잘 자라지 않아.

자작나무가 자라는 숲은 어떤 곳에 있을까? 차고 건조한 유럽과 아시아 대륙의 북부 지역이야. 우리나라에서는 강원도를 비롯한 북부 지역의 산에서 볼 수 있어.

북방 지역에서 자작나무가 눈에 띄는 곳은 대부분 전나무처럼 잎이 가늘고 늘푸른 사철나무가 많은 숲이야. 자작나무는 겨울에 잎이 졌다가 봄에 넓고 푸른 잎을 띄우지. 그래서 오래전부터 북방 지역에서는 신성한 나무로 여겼어.

● '자작'은 순우리말

자작나무의 줄기는 흰 빛을 띠고 있고, 줄기껍질이 얇게 벗겨져. 이 얇은 껍질을 불을 밝히는 초로 썼어. 자작나무 껍질로 만든 초를 화촉(樺燭)이라고 해. 화(樺)는 자작나무, 촉(燭)은 초를 뜻하지.

결혼식에 '화촉(華燭)을 밝힌다'는 말 들어봤지? 이때의 화촉(華燭)은 벌집에서 나오는 밀랍으로 만든 초야. 원래는 자작나무로 만든 화촉(樺燭)을 썼다고 해. 밀랍으로 만든 초가 나오면서 자작나무로 만든 초를 잘 안 쓰게 되었지. 지금은 밀랍으로 만든 초도 보기 어려워. 석유나 석탄으로 만드는 값싼 파라핀이란 성분으로 만들기 때문이지. 보통 양초라고 하는 거 말이야. 서양에서 들어온 초라는 뜻이야.

'자작'이 한자어 같지만 실은 순우리말이야. 한자어로 자작나무는 '백화(白樺)'라고 해. 17, 18세기에 나온 책을 보면, ['ᄌᆞ작' 또는 '자쟝' + 나무]라고 적고 있지.

하지만 '자작'이 무슨 뜻인지, 어디서 유래했는지 현재로서는 알 길이 없어서 아쉬워. 기름기가 많은 자작나무가 불에 탈 때 '자작자작' 하는 소리를 내서 자작나무라고 이름 붙었다는 견해도 있지만 근거가 확실하지 않아.

💬 점점 인기가 커지는 자작나무

우리 무속 신앙에서도 자작나무와 관련된 것이 있어. 굿판에서 제단을 꾸밀 때 사용하는 지화(흰 종이를 오려서 만든 장식)가 자작나무의 흰 껍질과 관련이 있어. 또 개마고원 일대에서는 죽은 사

자작이 한자말인줄 알았는데 우리말이었군요?

겨울에 강원도의 자작나무 숲에 가 본 적이 있는데 줄기만 남아있을 때에 보면 줄기가 더욱 희고 예쁘게 빛이 나지요. 뜻은 정확하게 밝혀지지 않았지만 순우리말인 '자작'의 뜻을 더 추적해 보면 언젠가 밝혀지지 않을까요?

자작나무 꽃

열매

람을 매장할 때 자작나무 껍질로 시신을 싸서 묻는 장례 풍습이 있었대.

   자작나무는 북방 민족의 일상생활에서도 요긴하게 쓰였어. 줄기껍질과 잎 전체에 기름샘이 발달해서 불에 잘 타고 잘 썩지 않아. 그 특성을 이용해서 여러 가구를 만들거나 건물 지을 때에 썼지. 시베리아에서는 가죽을 부드럽게 하는 무두질을 할 때 자작나무 기름을 썼어. 또 얇은 껍질을 종이처럼 쓰거나 불을 밝히는 초로 썼고 약으로도 썼지.

최근에는 자작나무 껍질에서 뽑아낸 자일리톨이 충치를 예방한다고 알려지면서 설탕 대신 단맛을 내는 재료로 널리 쓰이고 있어. 사람들이 가까이에 심고 싶어 하고 그 쓰임도 계속 넓혀지고 있어. 자작나무의 인기는 점점 더해지고 있지.

자작나무는 북방 민족의 나무야. 이들의 문화와 언어를 조금 더 연구한다면 사람들의 사랑을 받고 있는 '자작'의 이름 뜻을 알 수 있게 되지 않을까?

참나무와 가시나무

● **도토리가 열리는 나무는 모두 참나무**

"참나무는 없다!"

무슨 말이냐고? 우리는 지금 식물 한 종 한 종의 이름을 살펴보고 있어. 그런데 '참나무'라는 특정한 한 종의 나무는 없다는 거야. 참나무는 신갈, 졸참, 굴참, 갈참, 떡갈, 상수리나무가 속하는 참나무과 식물을 통틀어서 일컫는 이름이지.

참나무과의 공통점을 볼까? 가장 큰 특징은 도토리(상수리)라고 하는 열매가 열린다는 점이야. 모자를 쓴 것 같은 모양에 딱딱한 껍질이 있지. 떫은맛이 나는데 도토리를 말리고 가루 내어서 묵을 쑤어 먹는 것도 같아. 뒤 쪽 그림을 봐. 이 나무들이 모두 널리 알려진 '참나무' 들이야.

참나무들은 우리나라 전국 각지에 널리 분포해.
우리나라 어느 산을 가든 쉽게 볼 수 있지.

백로라는 새가 없듯이, 참나무라는 나무는 없군요?

맞아요. 해오라기와 비슷한 새들을 모두 통틀어서 백로라고 하고, 도토리가 열리는 나무를 통틀어서 참나무라고 부르는 거예요. 대나무도 마찬가지랍니다. 왕죽, 조릿대와 같은 나무들을 통틀어서 대나무라고 부르는 것이지, 대나무라는 특정한 종의 나무는 없어요.

🔴 가시가 열리는 가시나무

"가시나무에 가시는 없다!"

이번에도 참나무과 나무에 재미있는 이름이 있어서 살펴보려고 해. 위에서 본 참나무 외에도 더 많은 참나무들이 우리나라에 있어. 그런데 이름을 봐. 모두 '가시'가 들어 있어.

▶ 참나무과 ; 가시나무, 붉가시나무, 개가시나무, 종가시나무, 참가시나무

용가시나무나 호랑가시나무처럼 나무 이름에 '가시'가 들어가면 대개 줄기나 잎에 뾰족한 가시가 나 있기 마련이지. 그런데 정작 참나무과의 가시나무라는 이름이 붙은 나무에는 뾰족한 가시가 어디에도 없어. 그런데 왜 가시라는 단어가 들어 있을까?

이 가시나무들은 기후가 따뜻한 남해안 섬 지방에서만 볼 수

참나무과의 가시나무들은 기후가 따뜻한
남해안 섬 지방에서만 볼 수 있어.
이 가시나무들은 동백나무처럼 잎이
두껍고 반질반질 윤이 나며, 잎이 지지
않는 늘푸른나무라는 점에서 우리가 아는
참나무들과 달라.

있는데, 이 지역에서 이 나무들의 열매를 '가시'라고 불러. 은행이 은행나무의 열매를 뜻했던 것과 같지. 열매 이름이 '가시'였던 거야. 열매 모양은 참나무 무리라서 당연히 도토리와 비슷해.

● 제주 사투리와 일본어가 같아

특히 '가시'는 가시나무 열매를 제주에서 부르는 말이야. 그리고 일본에서도 가시나무에 모두 '카시(가시)'라는 말이 들어가.

가시나무 = 시라카시
개가시나무 = 이키이가시
붉가시나무 = 아까가시
종가시나무 = 아라가시
참가시나무 = 우라지로가시

우리말과 일본어와는 무슨 관련이 있는 걸까? 일본의 '가시'라는 말이 어디에서 유래했는지 정확히 알 수 없으나 제주 지역을 거쳐 일본으로 건너갔을 가능성은 무척 크지. 섬나라인 일본은 대륙 문화와 해양 문화가 골고루 유입되어 문화와 말에 영향을 끼쳤기 때문이야. 고대부터 제주도와 일본은 뱃길로 왕래를 쉽게 하던 곳이었지.

느티나무

● 마을을 지켜주는 나무

우리 마을에 들어서면 오래된 나무들이 줄지어 서 있어. 나무 이름을 어릴 때는 몰랐어. 관심도 없었고. 이름은 몰랐지만 그 나무들을 지날 때에 동네로 들어가는 기분이 들었지. 집의 대문처럼 말이야. 여기서부터가 우리 마을이다 싶었지.

여름에는 아주 시원한 그늘을 만들어 주었어. 이 나무들이 곳곳에 많다는 것을 나중에 알았어. 어떤 시골을 가도 마을 어귀에는 이와 똑같은 나무들이 한 그루씩 서 있었지. 그것도 아주 오래되어서 줄기가 굵고 잎이 풍성한.

이 나무는 바로 '느티나무'야. 묵묵히 마을을 지키는 나무로 여겨서 함부로 베지 않아. 그늘 아래에는 평상이 하나쯤 놓여 있어. 땡볕에서 농사일을 하다가 누워 고단함을 풀고, 사람들이 모여 이야기를 나누며, 아이들도 실컷 놀다가 땀을 식히는 곳이 느티나무 그늘이지.

🗨 회화나무와 비슷한 느티나무

한여름에 푸르름을 자랑하다가 가을이 되면 노랗고 붉은 단풍이 들어서 아름다워. 느티나무라는 우리 이름은 어떻게 만들어졌을까? 여러 가지 주장이 있지만, 현재 가장 널리 받아들여지는 해석은 이거야.

누(누렇다) + 홰(홰나무=회화나무) + 나무
→ 누튀나모 〉 누틔나무 〉 느티나무

한편, 다른 이야기도 있어. 회화나무와 비슷한 나무라는 뜻이지.

늣/넛(버금가다) + 회나무
→ 늣회나무 〉 느티나무

회화나무와 비슷한 나무라는 것은 두 가지 주장이 모두 같아. 회화나무를 뜻하는 한자는 '괴(槐)'야. 홰는 괴의 발음이 바뀐 거지.

느티나무와 회화나무는 워낙 비슷하게 생겨서 구별하기가 어려워요. 그런데 느티나무라는 이름에 회화나무라는 이름이 들어 있었네요?

지금은 회화나무가 익숙한 나무가 아니지만, 회화나무는 선비를 상징하는 나무였어요. 궁궐에도 회화나무가 꼭 있답니다. 그래서 느티나무의 이름을 지을 때에 당시 더욱 익숙한 회화나무에 느티나무의 특징을 덧붙여서 이름을 만들었던 거예요.

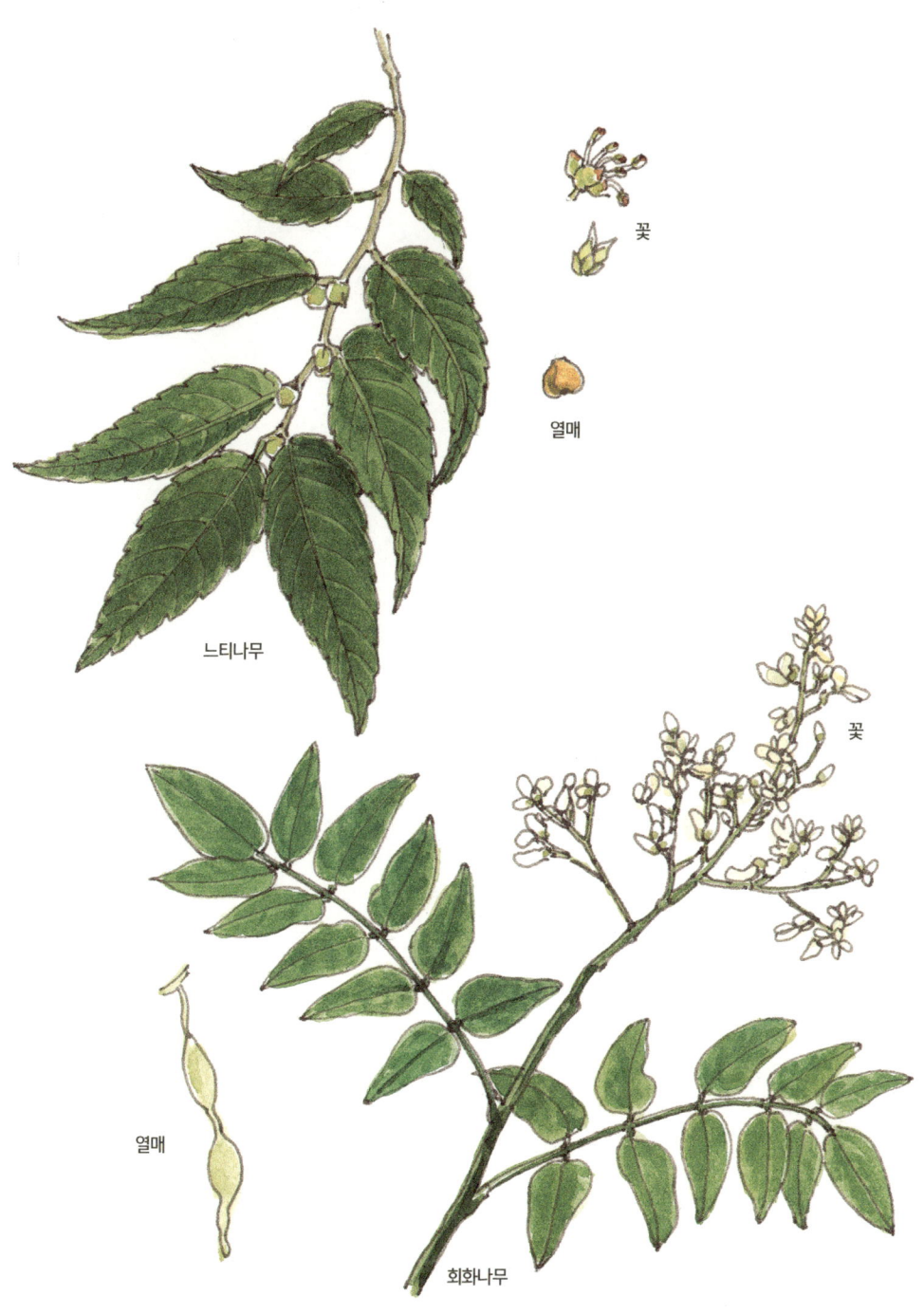

식물 _ 167

🗨 궁궐이나 절을 지을 때 쓰이는 목재

우리나라에 있는 오래된 건물 중에서 나무로 만든 깃은 대부분 소나무로 지어졌어. 궁궐이나 사찰을 복원할 때에도 소나무를 쓰지. 그래서 많은 사람들이 우리나라 옛 목조 건물을 당연히 소나무로만 짓는 줄 아는데, 고려 시대까지만 해도 주로 느티나무를 썼어. 느티나무는 소나무보다 좋은 목재로 인정받았지.

그러나 고려 시대에 잦은 전쟁과 혼란을 겪으며 목재로 쓸 만한 곧게 자란 느티나무를 다 써버린 거야. 어쩔 수 없이 대체할 나무로 찾은 것이 소나무였어.

마을을 지키는 오래된 느티나무를 다시 보면 굽어 있거나 커다란 상처가 옹이로 남아 있는 경우가 많아. 우리 마을의 느티나무들도 등이 굽은 나무들이지. 적게는 수백 년, 오래된 것은 천 년 가까이 된 느티나무는 목재로 가치가 없다 보니 마을을 지키며 오래도록 우리와 함께 있게 되었을지도 몰라. '등 굽은 소나무가 선산 지킨다.'는 말이 있던데 느티나무에게도 딱 들어맞네.

아까시나무

🔴 민둥산에 심었던 아까시나무

　내가 어릴 때에는 동네에 아까시나무가 참 많았어. 아까시나무 잎으로 놀이도 했지. 작은잎(소엽)이 여러 개 모여 있는 겹잎이라서 작은잎을 모두 떼어내고 나면 기다랗고 탄력 있는 잎줄기가 남아. 이것으로 여자아이들은 긴 머리를 돌돌 말아 '파마'한다며 놀았지. 봄이 되면 흰 꽃이 주렁주렁 달렸고, 꽃향기가 무척 좋았어. 노란 벌들이 꽃 주위로 웅웅웅 모여 드는 것을 보았지.

　한국 전쟁 이후 나무를 땔감 등으로 베어서 쓰는 바람에 민둥산이 많았는데 그때 나라에서 심기를 권장했던 나무가 아까시나무였지. 빨리 자라고 꽃에서 꿀도 얻고 '콩과 식물'이라서 땅도 기름지게 했으니까 여러 모로 장점이 많았기 때문이야.

　그런데 최근에는 다른 나무가 자라는 것을 방해한다거나 목재가 별로 쓸모없다면서 아까시나무를 무척 많이 베어 버렸어. 새롭게 심지도 않기 때문에 아까시나무가 줄어든 거야. 최근에는 우리 동네에도 아까시나무가 거의 없어졌지.

아까시나무의 꽃, 잎, 열매야.
콩과 식물은 꼬투리 모양의 열매를
맺는 게 특징이지.

꽃

잎

열매

170 _ 동물과 식물 이름에 이런 뜻이?!

콩과 식물은 '뿌리혹박테리아'라는 미생물과 공생을 해. 공생이란 서로 도움을 주면서 산다는 뜻이야. 이 미생물은 콩과 식물 뿌리에 붙어살면서 식물로부터 영양분을 얻고, 대신에 공기 중에 있는 질소를 흡수해서 식물들이 자라는 데 꼭 필요한 영양분으로 만들어 준대. 식물이 자라려면 질소가 들어간 영양분이 꼭 필요해. 공기 중에 산소보다도 많은 게 질소인데도, 이런 미생물들의 도움이 없으면 식물은 질소를 얻기 어려워. 질소를 흡수할 수 있게 도와주는 미생물들이 잘 자라게 하는 식물인 콩과 식물이 자라는 땅은 기름져. 생물들이 따로따로 사는 것처럼 보이지만, 사실은 이렇게 서로 도움을 주면서 살아.

● '아카시아'와는 다른 아까시나무

사람의 필요에 따라서 좋은 나무가 되었다가 나쁜 나무 취급을 받는 아까시나무. 그 이름이 처음에는 엉뚱하게 불렸어. 아카시아라는 이름이 더욱 친근한 친구들도 있을 거야. 껌 이름도 있었고, 꿀 이름에도 여전히 아카시아라고 붙이는 경우가 많으니까 말이야. 처음에 이름이 잘못 알려진 뒤 바로잡히지 않았지.

원래 열대 지역에 가면 아카시아라고 불리는 나무가 따로 있어. 아프리카 초원의 기린이 줄기에 가시가 잔뜩 난 나무를 먹고 있는 장면을 텔레비전에서 본 적 있니? 그게 바로 진짜 아카시아야. 우리나라에는 없는 식물이지. 그런데 잎 모양도 그렇고, 줄기에 가시가 많은 것도 그렇고, 열매가 꼬투리 모양인 것도 그렇고 아카시아는 아까시나무랑 무척 닮았어. 왜냐고? 아카시아도 같은 콩과 식물이거든.

　아까시나무는 1890년대에 우리나라에 처음 들어왔는데, 생김새가 아카시아랑 비슷해서 사람들이 그냥 아카시아라고 불렀어. 그런데 나중에 식물학자들 사이에 문제가 생긴 거야. 아카시아라는 나무가 따로 있는데, 아까시나무를 아카시아라고 부를 순 없잖아. 그래서 고민하다 최근에서야 진짜 아카시아랑 헷갈리지 않으려고 아까시나무라고 부르기로 정한 거야.

　그럼 아까시나무라는 이름은 어디서 유래했을까? 아까시나무가 우리나라에 처음 들어왔을 때는 우리말의 맞춤법이 정해지지 않았어. 외래어인 아카시아를 사람들은 아가시나무, 아가시아나무, 아카시나무, 아카시아나무, 아까시나무, 아까시아나무 등 여

아까시나무는 조금 억울하겠어요. 이름이 잘못 붙여졌고 지금도 바로잡히지 않았으니까요.

이름이 한번 정착이 되면 바뀌기가 쉽지 않아요. 사람의 이름도 마찬가지잖아요. 개명을 해도 옛 이름으로 계속 부르는 경우가 많지요. 이제 올바른 이름을 찾았으니 우리가 함께 이름을 불러주면 더욱 빨리 정착이 되겠지요?

러 가지 이름으로 불렀다고 해. 식물학자들은 고민하다가 이 이름들 중에서 아카시아와 구별되면서도 사람들이 많이 쓰는 하나를 골라서 정식 이름으로 쓰기로 한 거야. 그게 '아까시나무'였던 거지. 하지만 많은 사람들에게 아카시아란 말이 너무 익숙해서 여전히 국어사전에는 이렇게 정리되어 있어.

- **아카시아** '아까시나무'를 일상적으로 이르는 말.
- **아까시나무**「명사」『식물』콩과의 낙엽 교목. 높이는 20미터 정도이며, 잎은 어긋나고 우상 복엽이다. 5~6월에 흰 꽃이 총상(總狀) 화서로 피고 향기가 강하며 열매는 평평한 협과(莢果)로 5~10개의 종자가 들어 있다. 꽃에서 꿀을 채취하며 북미가 원산지이다.

둘 다 표준어로 쓸 수 있다는 거지. 하지만 식물학자들이 아까시나무를 정식 이름으로 택했기 때문에 모든 생물학 책이나 도감에서는 '아까시나무'라고 쓰고 있어.

우리나라에 아까시나무가 사라지고 있다

민둥산에 심은 아까시나무가 우리나라 산과 들을 기름지고 푸르게 만들었어. 천연 꿀의 대부분은 아까시나무가 많은 곳에서 채

취되고 있고, 목재도 농업용으로 쓰기에는 부족함이 없지.

 농부인 아버지 말씀을 들어보니 목재가 매끈하지는 않지만 질기고 흔하니까 값이 저렴해서 농사지을 때 많이 썼다고 해. 우리 마을에서는 예전에 인삼 농사를 지었는데, 그때 삼장(인삼밭)을 지을 때에 아까시나무를 많이 썼어.

 그렇게 애써서 심던 아까시나무를 최근에는 쓸모없다며 벌목 일 순위 나무가 되어 버렸어. 봄에 아까시 꽃향기를 맡아 보았다면, 그리고 아까시 꽃꿀을 먹어보았다면 그런 말을 못 할 텐데. 그리고 아까시 잎줄기로 '파마'를 해 보았다면 아까시나무를 마구 베어 내지는 못 할 텐데.

코스모스

● 가을을 알리는 꽃

코스모스는 가을을 대표하는 꽃이야. 공해에도 강해서 길가에 많이 심어 놓았고 무더기로 모여 자라며 큰 꽃을 피우기 때문에 눈에 잘 띄지. 줄기와 잎이 가늘고 바람에 하늘하늘 잘 흔들려서 연약해 보이지만 생긴 것과 달리 생명력이 아주 강해.

가을에는 꽃을 피우는 식물이 봄이나 여름보다 많지 않기 때문에 가을에 꽃이 피는 국화과 식물들이 관심을 듬뿍 받아. 코스모스도 국화과 식물이야.

코스모스는 백 년 전쯤 우리나라에 들어왔어. 지금과 마찬가지로 꽃을 보려고 심어 길렀지.

● '장식'을 뜻하는 코스모스

코스모스(cosmos)는 무슨 뜻일까? 지금은 식물 이름으로 익숙하

지만, 이 말은 아주 오래된 단어이고, 다양한 뜻으로 쓰여.

　고대 그리스어 코스모스는 '질서, 조화, 장식, 우주'를 뜻하지. 지금도 그 뜻은 거의 변하지 않았어. 유명한 천문학자 칼 세이건은 책을 내면서 제목을 《코스모스》라고 했지. 이때 코스모스는 '우주(宇宙)'를 뜻하는 거야.

　서구 문화에서 우주는 질서 정연하고 조화롭다고 생각했어. 그래서 우주를 뜻하는 코스모스는 질서를 뜻했으며 동시에 '선하고 아름답다'는 뜻도 포함되어 있지. 반대말이 혼돈을 뜻하는 '카오스(Chaos)'라는 걸 봐도 알 수 있어.

　그럼 식물 이름 코스모스는 어떤 뜻일까? 여러 뜻 중에서 '장식'의 의미야. 코스모스 꽃의 크고 화려한 특징을 보고 붙인 거지. 식물에 코스모스라는 이름을 붙인 사람은 스페인의 식물학자인데,

식물 코스모스의 뜻을 잘 몰랐었어요.

뜻은 '장식'이라는 걸 알았지요? 코스모스처럼 최근 새롭게 들여오는 식물이나 동물의 이름을 외래어 그대로 쓰는 경우가 많아요. 하지만 새로운 동식물은 물론, 물건이나 문화에 대해 이름을 붙이는 것은 매우 중요해요. 여러분도 이름을 만들 수 있어요. 새로운 물건과 문화가 하루에도 엄청 많이 생기고 있지요. 이름의 어원을 공부하며 이름을 짓는 여러 가지 방법을 알게 되었을 테니, 한번 시도해 보면 어떨까요?

멕시코에서 온 식물을 보고 코스모스라 했지. 불과 200여 년밖에 안 된 일이야.

🔴 외래종 식물에 어떤 이름을 붙일까?

우리나라에서 어떤 사람들은 코스모스를 보고 '살살이꽃'이라고 불러. 바람에 살살 흔들리는 모습을 나타낸 우리말 이름이야. 북한에서는 '길국화'라고 해. 길가에서 잘 자라는 서식지의 특징과 국화과라는 식물의 성격이 담긴 이름이지.

현재 우리 표준말은 코스모스야. 그런데 그거 아니? 표준어도

장식이라는 뜻이 담긴 외래어 코스모스보다
더 어울리는 우리말 이름 '살살이꽃'이나 '길국화'라는
이름이 붙었다면 어땠을까?

바뀔 수 있다는 거. 사람들이 널리 많이 쓰는 말이 표준어가 되는 거야. 산들바람이 부는 가을 길에 하늘하늘 흔들리는 코스모스를 보며 우리나라 사람들이 모두 살살이꽃이라고 말한다면 언젠가는 이름도 바뀔 수 있겠지. 아까시나무처럼 이름이 한 번 굳어지면 고쳐 쓰기가 쉽지는 않아. 그러니까 새로운 식물이 우리나라로 들어올 때에, 식물뿐만 아니라 다른 물건이나 문화가 새롭게 생기거나 들어올 때에도 어떤 이름을 붙일 것인지 함께 고민해 볼 필요가 있어.

무궁화

🌸 나라를 대표하는 꽃이 된 흔한 무궁화

무궁화는 식물보다 그림으로 더 친숙해. 기억을 더듬어 보니 교과서에서 사진이나 그림으로 먼저 본 것 같아. 하지만 실제로 무궁화는 우리 주변에 많았어. 집이나 밭 주변에 울타리로 심었고, 약이나 차로 쓰기도 하던 흔한 식물이었지. 특별히 나라꽃으로 여기지도 않았었고.

무궁화 사진이나 그림은 교과서에서도 자주 만나볼 수 있지.
구한말 남궁억, 윤치호 선생이 의논해서 1893년에 무궁화를 나라꽃으로 정했다고 전해지고 있어. 남궁억 선생은 계몽 운동가이자 독립운동가로 활동했고, 처음에 같은 일을 했던 윤치호 선생은 나중에 친일파로 돌아섰지.

겨울눈
꽃
열매
씨앗
꽃봉오리
나무껍질

그럼 언제부터 무궁화는 우리나라를 대표하는 꽃이 되었을까? 우리나라가 나라를 잃을 위기에 처했던 대한제국의 말기에 독립운동을 하던 분들이 전국 방방곡곡에 흔한 무궁화를 나라의 상징으로 내세운 거야. 독립운동의 상징, 나라의 꽃으로 무궁화가 사람들에게 여겨지기 시작한 때는 100여 년 전이었어.

'무궁화 삼천리 화려 강산'이라는 노랫말이 있는 〈애국가〉가 민중들에게 널리 알려지면서 무궁화는 나라꽃으로 더욱 알려지게 되었지.

식물 _ 181

🗨 '무궁'의 뜻을 찾아서

그렇다면 '무궁화'의 '무궁'은 무슨 뜻일까? 언제부터 쓰였을까?

무궁 + 화(花)

놀랍게도 고려 시대부터 책에 무궁화 이름이 나와 있어. 이규보가 지은 책 《동국이상국집》에 무궁화에 대한 이야기가 등장하지.

어원을 연구하는 학자들은 무궁화가 한자어인 목근화(木槿花)에서 유래한 것으로 보고 있어. 목근화와 무궁화는 소리가 참 비슷해. 그럴 듯한 설명이야. 하지만 이런 주장에도 허점이 있어. 우리나라를 '무궁화의 나라'라고 일컬을 만큼 오래전부터 우리나라에 무궁화가 흔했다면 무궁화는 순우리말이 있었을 가능성이 매우 높아. 이럴 때에는 지역에서 부르는 이름을 찾아보는 것이 도움이 되지. 전라남도에서 무궁화를 부르는 이름을 보자.

무우게, 무게, 무게나무, 무강나무

또 세종 임금 때에 한글이 만들어진 뒤에 나온 책들을 보니 무궁화를 한자어 '목근화'로 적은 것이 없어. 《사성통해》, 《훈몽자회》, 《역어류해》, 《동의보감》, 《왜어류해》라는 책에 모두 한글로

'무궁화'로 표기하고 있지.

그런데도 여전히 무궁화의 어원에 대해서는 한자어에서 유래한 것으로 보는 견해가 더욱 힘을 가지고 있어. 제대로 된 조사나 연구를 펼치기 전에 '무궁화'가 한자어에서 유래된 표준어로 규정되어 사전에 올랐거든.

🔴 동식물이 사라지듯 이름도 사라져

중국에서 가장 오래된 지리책《산해경》에는 우리나라를 무궁화가 많이 자라는 나라라고 소개되어 있고, 진나라의 책《고금주》에

무궁화

는 '지방이 천리인데 무궁화가 많다.'고 적고 있지. 그래서 우리나라를 '무궁화의 나라'라고 불렀어. 요즘에는 무궁화를 좋아한다는 사람도 별로 없고, 잎에 진드기가 많이 낀다며 나무를 베어 버리기도 해. 100여 년 전에는 나라를 찾기 위한 상징이 되어 우리 민족에게 힘을 주었던 무궁화. 오늘날 그 의미가 바랜 것처럼 무궁화에 대한 사랑도 식고 있는 것 같아서 참 아쉬워.

무궁화의 본 모습을 담고 있을지도 모를 '무우게, 무게, 무강' 등의 사투리들은 거의 다 잊히고 사라지고 있어. 인간의 간섭과 개발로 사라져 가는 동식물들과 무궁화의 다른 이름들이 사라지는 것이 자꾸 겹쳐서 보여.

무궁화의 '무궁'이 우리말일 수도 있다는 사실이 놀라워요!

무궁화의 긴 역사를 알면 무궁화가 고려 시대 이전부터 기록에 있는데 정말 한자어로 썼을까 하고 궁금해져요. 이름은 만들어지기도 하고 사라지기도 해요. 동식물 이름도 그렇지요. 좋아하고 익숙한 이름은 자주 쓰게 되어요. 무궁화도 우리에게 더욱 자주 쓰이고 불리는 이름이 되면 좋겠어요.

책 속의 작은
동식물 사전

젖먹이 동물

소 _ 14쪽
Bos taurus | 우제목(소목) 소과

소는 1만 년 전인 신석기 시대 초기에 중앙아시아와 서아시아 지역에서 처음 가축으로 길들여졌다. 지금은 멸종한 야생 소인 오록스(aurochs)가 오늘날 사육되는 모든 가축 소의 조상이다. 풀을 먹고 사는 소는 위가 네 개다. 소는 먹이를 한 번에 소화하지 않고, 우선 첫 번째 위에 저장했다가 나중에 다시 꺼내어 되새김질을 한다. 그래서 소는 대부분의 시간을 먹이를 먹거나 이미 먹은 먹이를 되새김질하면서 보낸다.

반달가슴곰 _ 28쪽
Ursus thibetanus ussuricus | 식육목 곰과

동아시아에 분포하는 대표적인 곰이다. 온몸이 검은 털로 덮여 있는데, 가슴에 반달 모양의 흰 무늬가 있는 것이 특징이다. 잡식성이지만 주로 식물의 열매를 즐겨 먹는다. 비싼 약재인 웅담 때문에 남획되어 남한에서 거의 멸종할 뻔했다가 2000년대부터 지리산국립공원에서 복원 사업이 펼쳐지고 있다. 겨울에 동굴이나 나무 구멍 속에서 겨울잠을 잔다. 암컷은 임신한 채로 겨울잠을 자다가 이른 봄에 새끼를 낳는다. 천연기념물 제329호, 멸종 위기 야생 생물 I급이다.

호랑이 _ 21쪽
Panthera tigris | 식육목 고양이과

유라시아 대륙에 사는 고양이과 동물 중에서 가장 크다. 호랑이는 지역에 따라서 형태와 크기, 습성이 조금씩 다른 아홉 종류가 살았는데, 그 중에서 세 종류는 멸종했고 나머지도 서식지 감소로 심각한 멸종 위기다. 우리나라에 살던 호랑이는 백두산 호랑이 또는 아무르 호랑이라고 불리는 아종이다. 옛날에 우리나라에는 호랑이가 아주 많았는데, 조선 시대부터 호랑이를 해로운 동물로 여겨 국가가 나서서 잡기 시작하면서 줄어들기 시작했다. 그러다 일제 강점기를 거치면서 한반도에서 거의 사라졌다. 현재 남한에서는 멸종했고, 북한에서도 백두산과 러시아와의 접경 지대에 아주 적은 수가 살고 있다.

말 _ 34쪽
Equus ferus caballus | 기제목(말목) 말과

날쌘 경주마에서 짐을 나를 때 쓰는 조랑말에 이르기까지 다양한 종류의 말이 가축으로 사육되고 있다. 가축으로 기르는 모든 말은 에쿠스 페루스(*Equus ferus*)라는 야생 말에서 유래했다. 인간이 말을 가축으로 기르기 시작한 것은 중앙아시아에서 기원전 4000년 경부터다. 기원전 3000년 경 이후로 유라시아 전역으로 퍼져 인간의 삶에서 중요한 가축으로 자리매김했다. 우리나라의 전통 말은 몽골에서 유래했다. 말은 발굽이 한 개라서 발굽의 개수가 홀수인 기제(奇蹄)류에 속한다.

관박쥐 _ 40쪽
Rhinolophus ferrumequinum | 익수목 관박쥐과

우리나라에 사는 박쥐 중에서 가장 크다. 유럽에서 일본까지 유라시아 대륙에 널리 분포한다. 동굴이나 폐광, 나무 구멍에 주로 산다. 예전에 집 주변에서 흔히 보던 박쥐로 지금도 지붕이나 벽 틈의 빈 공간에서 종종 발견된다. 낮에는 은신처에서 잠을 자고 밤에 밖으로 나와 곤충과 작은 벌레를 잡아먹는다. 겨울에는 겨울잠을 잔다. 박쥐는 환경 교란에 매우 약하다. 각종 개발과 인간의 간섭이 심해지면서 최근 관박쥐의 개체 수도 크게 줄었다.

돼지 _ 52쪽
Sus scrofa domesticus | 우제목(소목) 멧돼지과

돼지는 야생 멧돼지(*Sus scrofa*)를 길들여 가축화한 것이다. 돼지는 잡식성이라 먹이를 가리지 않고, 빨리 자라며, 새끼도 많이 낳기 때문에 일찍부터 가축으로 길렀다. 서아시아 지역에서는 기원전 13000년경부터, 중국에서는 기원전 6000년경부터 돼지를 가축화시킨 것으로 추정된다. 돼지는 주로 고기를 얻기 위해 기르지만 가죽과 뼈, 기름 등의 부산물도 버리는 것 없이 쓰임새가 다양하다.

여우원숭이 _ 45쪽

영장목 여우원숭이과에 속한 젖먹이동물을 말한다. 리머(lemur)라고도 부른다. 여우원숭이는 몸통이 가늘고 꼬리가 길다. 꼬리는 털이 복슬복슬하고, 다른 영장류와 비교해 눈이 작은 것이 특징이다. 종류가 매우 다양한데, 모두 아프리카의 마다가스카르 섬과 근처의 코모도 섬에만 분포한다. 예전에는 20여 종으로 분류했는데, 최근에 학자들은 100여 종으로 구별하기도 한다.

멧토끼 _ 57쪽
Lepus coreanus | 토끼목 토끼과

멧토끼는 흔히 산토끼라고 더 많이 불린다. 한반도와 중국의 접경 지대에서만 볼 수 있는 우리나라 고유종이다. 해발 1000m 이하의 야산이나 농경지 주변에서 볼 수 있다. 몸무게는 2kg 정도이며, 몸길이는 50cm쯤이다. 귀는 8cm쯤이고, 꼬리는 아주 짧다. 식물을 먹고 산다. 털빛은 주로 회갈색을 띠나 개체 별로 색깔 차이가 있다. 멧토끼는 구멍을 파서 은신처를 만들지 않기 때문에 굴을 파서 사는 토끼 종류들보다 재빠르다.

고라니 _62쪽
Hydropotes inermis | 우제목(소목) 사슴과

사슴과에 속하는 젖먹이동물이다. 물을 좋아하고 헤엄도 잘 친다. 그래서 영어 이름이 워터디어(water deer)이다. 노루랑 비슷하지만 머리에 뿔이 없다. 위 송곳니가 매우 길다. 우리나라와 중국 동북부, 양쯔 강 하류에만 산다. 우리나라에서는 아주 흔하지만 중국에서는 심각한 멸종 위기종이다.

노루 _62쪽
Capreolus pygargus | 우제목(소목) 사슴과

고라니와 생김새가 비슷하다. 하지만 노루는 엉덩이 부분이 희다. 또 수컷은 일 년에 한 번씩 머리에 뿔이 났다가 떨어진다. 사는 곳도 다른데, 고라니가 물가나 저지대에 산다면 노루는 해발이 높은 산림에 주로 산다. 고라니보다 보기 힘들다.

지렁이 _68쪽

지렁이는 지렁이아강에 딸린 환형동물을 가리킨다. 환형동물은 몸이 고리(環) 모양의 여러 개의 마디로 되어 있는 동물이란 뜻이다. 세계적으로 3000여 종, 우리나라에는 약 60종 정도가 알려져 있다. 지렁이는 땅속을 돌아다니면서 유기물질을 먹어서 분해하고, 흙 속에 공기와 물이 잘 통하게 만들어 땅을 기름지게 한다. 또 지렁이는 다른 동물들의 먹잇감이 되기 때문에 생태계에서 없어서는 안 될 동물이다. 허파나 아가미가 없고, 피부를 통해 호흡한다. 몸에 환대(環帶)라고 불리는 두툼한 띠가 있다. 암수한몸이며, 짝짓기를 할 때 상대의 정자를 받아서 보관하고 있다가 자신의 난자와 수정하여 알을 낳는다.

아무르불가사리 _73쪽
Asterias amurensis | 극피동물문 불가사리강

아무르불가사리는 불가사리강 불가사리과에 속한 극피동물이다. 원래는 북서태평양의 찬 바다에 살았는데, 최근에 세계 각지로 퍼져 조개나 성게 같은 다른 바다 생물들을 마구 잡아먹어 심각하게 생태를 교란시키고 있다. 아무르불가사리가 급속히 퍼진 이유는 선박의 잦은 왕래와도 깊은 관련이 있다. 선박은 화물을 싣고 내리면서 무게 중심을 잡기 위해 탱크에 바닷물을 채우고 비우고를 반복한다. 아무르불가사리의 작은 유생이 바닷물과 함께 선박에 실려 다른 지역으로 퍼진 것이다.

대게 _ 79쪽
Chionoecetes opilio | 십각목 대게과

대게는 십각목 대게과에 속하는 절지동물이다. 우리나라 동해를 비롯해 북태평양과 북서대서양의 찬 바다에 산다. 사는 곳은 수심이 30~1800m에 이르며, 진흙 또는 모래로 된 바닥에서 산다. 우리나라에서는 동해안의 영덕이 예부터 대게의 집산지로 유명했기 때문에 흔히 '영덕 대게'라고 부른다. 대게는 몸통의 비가 수컷이 13~15cm로 우리나라에서 나는 게 중에서 가장 크다. 암컷은 이보다 작아서 약 9cm까지 자란다. 대게와 비슷한 종류로 홍게(*C. japonicus*)가 있다.

참매미 _ 82쪽
Sonata fuscata | 노린재목(반시목) 매미과

여름철 전국 어디서나 흔히 볼 수 있는 우리나라의 대표적인 매미다. 애벌레는 나무뿌리에서 수액을 빨아먹으며 땅속에서 5~6년 자라다가, 7~8월이 되면 땅 위로 올라와 날개돋이를 하고 어른벌레가 된다. 몸길이는 27~30mm이다. 날개는 투명하며, 앞가슴 등판과 작은 방패판에는 초록빛 무늬가 있다. '맴 맴 맴 매앰' 하고 우는 소리가 특징적이다.

작은홍띠점박이푸른부전나비 _ 88쪽
Scolitantides orion | 나비목 부전나비과

유럽에서 러시아, 중앙아시아, 중국, 일본에 이르는 유라시아 대륙 북부에 널리 분포한다. 우리나라에서는 제주도와 남부 해안을 제외한 지역에서 볼 수 있다. 주로 산지의 햇볕이 드는 계곡 주변에 살며, 개체 수는 적은 편이다. 번데기로 겨울을 난다. 일 년에 두 번 발생하며, 4월 중순부터 8월 사이에 볼 수 있다. 우리나라 나비 이름 중에서 가장 이름이 긴데, 곤충 연구가인 이승모(1923~2008년) 선생이 지었다.

도롱뇽 _ 93쪽

양서강 유미목(도롱뇽목) 도롱뇽과에 속한 척추동물로 개구리와 더불어 양서류를 대표한다. 땅속이나 돌 틈에서 겨울을 나고 이른 봄에 계곡이나 도랑에 나와 알을 낳는다. 어른이 되어서도 올챙이 때와 마찬가지로 꼬리를 가지고 있어서 유미류(有尾類)라고 한다. 개구리는 꼬리가 없어지기 때문에 무미류(無尾類)라고 한다. 도롱뇽은 피부가 매끈하고 축축하다. 아가미나 허파를 가지고 있지만 피부로도 숨을 쉰다. 우리나라에는 도롱뇽, 제주도롱뇽, 고리도롱뇽, 꼬리치레도롱뇽, 네발가락도롱뇽, 이끼도롱뇽 등 여섯 종이 산다. 도롱뇽은 환경 변화에 취약해서 세계적으로 멸종 위기인 종이 많다.

도마뱀 _93쪽

파충강 뱀목 도마뱀과와 장지뱀과에 속한 척추동물을 흔히 도마뱀이라고 부른다. 하지만 생물학적으로 도마뱀으로 부르는 종류는 피부를 덮고 있는 비늘이 매끈하여 광택이 나고, 목과 다리가 짧다. 다리가 아예 없는 도마뱀도 있다. 반면에 장지뱀으로 불리는 종류는 비늘이 거칠고, 목과 다리가 도마뱀보다 긴 편이다. 우리나라에 도마뱀 종류는 도마뱀, 북도마뱀이 있고, 장지뱀 종류는 아무르장지뱀, 줄장지뱀, 표범장지뱀이 있다. 또 발바닥에 흡반이 있어 아무 곳에나 잘 붙는 도마뱀붙이는 별도의 도마뱀붙이과에 속한다.

사마귀 _99쪽

사마귀목 사마귀과와 애기사마귀과에 속한 곤충이다. 다른 곤충들을 잡아먹는 육식성이다. 역삼각형의 머리는 자유자재로 움직일 수 있고, 앞다리는 낫처럼 생겼다. 풀 위나 꽃 주변에서 움직이지 않고 있다가 가까이 접근하는 먹잇감을 앞다리로 덮친다. 우리나라에는 사마귀과에 사마귀, 왕사마귀, 좀사마귀, 항라사마귀, 넓적배사마귀, 좁쌀사마귀, 애기사마귀과에 애기사마귀 등 모두 일곱 종이 산다.

제비 _104쪽

제비는 참새목 제비과의 여름 철새다. 우리나라에는 제비, 귀제비, 갈색제비, 흰털발제비 등 네 종이 관찰되지만, 주로 관찰할 수 있는 건 제비와 귀제비이다. 제비 종류는 벼랑이나 집의 처마 밑에 진흙으로 둥지를 만들어 번식한다. 제비는 벽에 밥그릇 모양으로 집을 짓고, 귀제비는 천정에 호리병 모양의 집을 짓는다. 제비는 해충들을 많이 잡아먹기 때문에 예부터 이로운 동물로 여겼다. 하지만 세계적으로 서식지가 감소하면서 개체 수가 크게 줄고 있다.

비둘기 _110쪽

비둘기는 비둘기목 비둘기과에 속한 새다. 우리나라에는 멧비둘기, 양비둘기, 흑비둘기, 염주비둘기, 홍주비둘기, 녹색비둘기, 분홍가슴비둘기 등 일곱 종이 관찰된다. 그러나 멧비둘기를 제외하면 나머지는 매우 희귀하다. 특히 양비둘기는 옛날에는 아주 흔했으나 지금은 아주 드물어져 보호가 시급하다. 한편 도심에서 흔히 보이는 집비둘기는 우리나라에 없던 종으로 외국에서 들여와 사육되다가 야생화한 것이다.

까치 _ 114쪽
Pica pica | 참새목 까마귀과

우리에게 친숙한 텃새인 까치는 유럽에서 우리나라에 이르는 유라시아 대륙 전역에 분포한다. 높은 나무 위에 나뭇가지를 엮은 공 모양의 둥지를 짓고 번식한다. 까치가 울면 반가운 손님이 온다고 믿어 길조로 여겼으나, 최근에는 수가 너무 많아져서 과수원이나 농작물에 피해를 입혀 유해 조수로 지정되었다. 일본에서도 최근에 우리나라에서 도입되어 비슷한 문제를 일으키고 있다.

까마귀 _ 118쪽

생물학적으로는 참새목 까마귀과에 속한 새를 말하지만, 일반적으로는 까마귀라는 이름이 붙은 새만을 뜻하기도 한다. 까마귀로 불리는 새는 우리나라에 여섯 종 정도가 관찰되는데, 그 중에서 까마귀와 큰부리까마귀는 텃새로 연중 보인다. 떼까마귀는 겨울 철새인데, 겨울에 큰 무리를 짓는 것이 특징이다. 까마귀 무리는 잡식성이며, 다양한 환경에 적응해서 살며, 지능이 매우 높다.

해오라기(백로) _ 123쪽

황새목 백로과에 속한 물새다. 목과 다리와 부리가 긴 것이 특징이다. 해오라기라는 말은 어원으로 보면 희다(해)는 뜻을 가지고 있지만, 정작 오늘날 생물학자들이 해오라기라는 이름을 붙여 놓은 새들은 갈색과 회색, 검은색 등이 섞여 있어 이름의 본래 뜻과는 거리가 멀다. 온몸이 흰빛인 경우는 한자로 '흰 해오라기'라는 뜻의 '백로'라는 이름이 붙는다. 중대백로, 중백로, 쇠백로, 노랑부리백로 등이 그런 경우다.

두루미 _ 128쪽
Grus japonensis | 두루미목 두루미과

두루미목 두루미과에 속한 겨울 철새다. 몸길이가 140cm에 이르는 큰 새로, 목과 다리가 매우 길다. 목과 다리를 쭉 펴서 비행한다. 러시아와 중국의 접경 지역인 북만주, 삼강 평야, 한카 호 등에서 여름에 번식한다. 알은 두 개를 낳는다. 겨울이 가까우면 암수 부부가 새끼들을 데리고 우리나라와 일본 등의 월동하는 곳으로 내려와 겨울을 보낸 뒤에 이듬해 4~5월에 새끼들을 독립시킨다. 그래서 주로 가족 단위로 관찰된다. 세계적으로 2000마리 정도만 남아 있어 국제적으로 보호하고 있다. 우리나라에서 멸종 위기 야생 생물 Ⅰ급, 천연기념물 제202호로 지정되어 있다.

식물

고니 _ 128쪽

기러기목 오리과 고니속의 대형 물새다. 세계적으로 여섯 종이 있으며, 우리나라에서는 고니, 큰고니, 혹고니 세 종을 겨울 철새로 볼 수 있다. 하천, 강 하구, 저수지에 무리를 지어 살면서 주로 수생 식물을 먹고 산다. 겨울철에 철새 도래지에 가면 큰고니를 가장 흔히 볼 수 있고, 다음으로 고니가 많고, 혹고니는 매우 드물다. 고니류는 멸종 위기 야생 생물 Ⅰ급(혹고니)과 Ⅱ급(고니, 큰고니), 천연기념물 201호(고니류 전체)로 지정되어 있다.

매 _ 134쪽

매는 매목 매과와 수리과에 속한 맹금류들을 흔히 일컫는 말이다. 생물학적으로 보면 매과는 부리에 'V' 자의 이빨 모양 돌기가 있다. 매과는 사냥한 먹잇감을 이 돌기를 이용하여 죽인다. 반면에 수리과는 부리에 이런 돌기가 없고 대신에 발이 발달하여, 큰 발로 먹잇감을 제압하여 잡아먹는다. 우리나라에서 매사냥에 많이 쓰는 참매(*Accipiter gentilis*)는 수리과이고, 매(*Falco peregrinus*)는 매과이다. 겉모습은 비슷하지만 습성은 다르다.

진달래 _ 140쪽

Rhododendron mucronulatum | 진달래목 진달래과

진달래과에 속하는 잎이 지는 떨기나무다. 키는 2~3m까지 자란다. 우리나라를 비롯해 동북아시아 지역에 분포하지만, 거의 우리나라 특산종이라고 할 만큼 한반도의 토양과 기후에 잘 맞는 나무다. 봄에 분홍색 꽃을 피우는데, 꽃이 먼저 피고 잎이 난다. 끝이 뾰족한 타원형 잎은 어긋난다. 해가 잘 드는 척박한 땅에서 잘 자라므로 과거에 산불이 났거나 산림이 훼손된 곳에서 많이 볼 수 있다.

철쭉 _ 140쪽

Rhododendron schlippenbachii | 진달래목 진달래과

진달래와 친척인 잎이 지는 떨기나무다. 키는 2~5m까지 자란다. 진달래와 마찬가지로 우리나라를 비롯해 동북아시아 지역에 분포한다. 봄에 분홍색 꽃을 피우는데, 진달래보다는 늦게 피고 잎과 함께 핀다. 잎은 계란 모양인데, 4~5장이 둥글게 모여 달리기 때문에 잎을 보면 진달래와 쉽게 구별할 수 있다. 진달래는 꽃을 먹을 수 있지만, 철쭉은 독이 있어서 먹지 않는다. 그래서 진달래를 참꽃, 철쭉을 개꽃이라고도 부른다.

은행나무 _145쪽
Ginkgo biloba | 은행나무목 은행나무과

은행나무 종류는 2억 7천만 년 전에 지구상에 처음 나타나 200만 년 전에 모두 사라지고 오늘날 은행나무 1종만 살아남았다. 그래서 은행나무를 '살아 있는 화석'이라고 부른다. 중국이 원산지이며, 우리나라에는 신라 말에서 고려 초에 수입되어 널리 퍼졌다. 부채 모양의 잎이 특징이지만, 은행나무는 침엽수다. 잎을 자세히 보면 가시 모양의 잎이 여러 개 붙어 있는 모양새다. 은행나무는 암수딴그루이며 공해에 강해서 가로수로 많이 심었는데, 가을에 익은 열매의 고약한 냄새 때문에 최근에는 열매가 달리지 않는 수나무를 심는 추세다.

메타세쿼이아 _145쪽
Metasequoia glyptostroboides | 구과목 측백나무과

은행나무와 마찬가지로 중국이 원산이면서 살아있는 화석으로 불리는 큰키나무다. 중생대 백악기 말기에 출현해서 신생대 3기 전기까지 아시아와 북아메리카에 널리 번성하다가 이후에 메타세쿼이아 1종만 남고 모두 멸종했다. 원산지 사람들은 삼나무와 닮았다고 해서 수삼(水杉)이라고 불렀는데, 이 나무가 세상에 널리 알려진 것은 고작 1940년대 이후부터다. 줄기가 최대 60m까지 곧게 자라고 나무 모양이 아름다워서 가로수로 많이 심는다.

개나리 _150쪽
Forsythia koreana | 꿀풀목 물푸레나무과

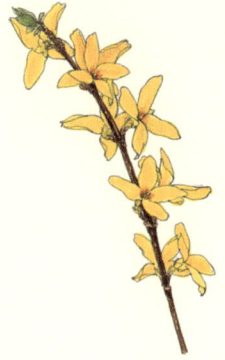

우리나라 고유종인 잎이 지는 떨기나무다. 전국의 볕이 잘 드는 산기슭에서 잘 자라며 울타리 나무로 집 주변에 많이 심는다. 키는 3m 정도까지 자란다. 가늘고 긴 가지는 아래로 처진다. 줄기 속이 희고, 비어 있다. 잎은 타원형이고 마주난다. 이른 봄에 노란 꽃이 먼저 피고 잎이 난다. 가을에 익는 달걀 모양의 열매는 '연교'라고 하고 약으로 쓴다.

자작나무 _154쪽
Betula platyphylla var. *japonica* | 참나무목 자작나무과

시베리아에서 일본에 이르는 유라시아 북부에서 잘 자라는 잎이 지는 큰키나무다. 우리나라에서는 강원도 이북의 높은 산에서 볼 수 있지만, 최근에는 관상수로 많이 심어서 전국의 아파트 단지나 빌딩 주변에서 볼 수 있다. 키는 15~20m이다. 줄기껍질이 새하얗고, 종이처럼 얇게 벗겨진다. 잎은 끝이 뾰족하며 약간 삼각형을 띠며, 가장자리에 톱니가 있다. 길쭉한 애벌레처럼 생긴 수꽃이삭은 아래로 처지며, 암꽃이삭은 수꽃보다 짧다.

참나무 _159쪽

참나무목 참나무과의 나무를 통틀어 일컫는 말이다. 흔히 도토리 또는 상수리라고 부르는 딱딱한 열매를 맺는 나무를 가리킨다. 참나무과 나무는 우리나라에 15종 정도가 있는데, 상수리나무, 신갈나무, 굴참나무, 졸참나무, 떡갈나무, 밤나무, 너도밤나무처럼 가을에 낙엽이 지는 종류와 가시나무, 참가시나무, 종가시나무, 붉가시나무, 개가시나무처럼 연중 푸른 나무가 있다. 상록성의 참나무는 기후가 따뜻한 남해안과 제주도에서 볼 수 있다.

느티나무 _164쪽
Zelkova serrata | 장미목 느릅나무과

우리나라와 중국, 타이완, 일본에 자생하는 잎이 지는 큰키나무다. 다 자라면 높이가 25m에 이른다. 가지가 자라면서 옆으로 넓게 퍼지면서 그늘을 만들고 또 오래 살기 때문에 우리 조상들은 마을 어귀에 정자나무로 많이 심었다. 지금도 대표적인 가로수다. 줄기껍질이 비늘처럼 잘 떨어진다. 꽃은 3월에 피고 열매는 9월에 익는다. 생장 속도가 빠르고, 목질이 단단하여 고급 목재로 쓰인다.

가시나무 _159쪽

참나무목 참나무과 참나무속에 속한 나무 중에서 광택이 나는 푸른 잎을 연중 달고 있는 종류를 말한다. 우리나라에서는 남부 해안가와 제주도 등 따뜻한 곳에서 자란다. 이름에 '가시'라는 말이 붙지만 뾰족한 가시는 없다. 가시나무는 도토리 모양의 작은 열매를 맺는데, 이 열매를 남부 지방에서 '가시'라고 부른다. 그래서 가시나무라고 한다. 가시는 도토리와 마찬가지로 녹말을 내어 묵으로 만들어 먹을 수 있다.

아까시나무 _169쪽
Robinia pseudoacacia | 콩목 콩과

북아메리카가 원산인 잎이 지는 큰키나무이다. 키는 25m까지 자란다. 열대 지역에 사는 아카시아(acacia)와 생김새가 비슷하지만 다른 나무다. 줄기에 가시가 많다. 작은 잎 9~19장이 모여 달린 깃꼴겹잎이다. 5~6월에 흰 꽃이 모여서 피며 향기가 짙다. 콩과 식물답게 꼬투리 모양의 열매를 맺는다. 우리나라에는 1890년대에 수입되었으나, 본격적으로 심은 것은 산림 녹화 사업이 시작된 1960년대 후반부터다. 척박한 토양에서도 잘 자라고, 생장 속도도 빠르며, 땅을 기름지게 하고, 꿀을 채취할 수 있었기 때문에 널리 심었다. 하지만 지금은 잡목 취급을 받고 있다.

코스모스 _ 175쪽
Cosmos bipinnatus | 국화목 국화과

멕시코가 원산인 국화과의 한해살이풀이다. 해방 이후 우리나라에 수입된 것으로 여겨진다. 꽃이 크고 예뻐서 원예종으로 길가에 많이 심는다. 코스모스는 키가 1.5m 내외까지 자라며, 줄기가 곧게 선다. 꽃은 늦은 여름부터 가을까지 피며, 줄기와 가지 끝에 한 개씩 달린다. 꽃의 색깔은 품종에 따라 분홍색, 자주색, 흰색 등 다양하다.

무궁화 _ 180쪽
Hibiscus syriacus | 아욱목 아욱과

키는 2~3m까지 자란다. 전국에 관상수로 널리 기른다. 우리나라에 도입된 시기는 명확하지 않으나, 중국의 오래된 기록에 우리나라를 무궁화의 나라로 부르고 있는 점을 볼 때 도입된 시기가 아주 오래되었음을 알 수 있다. 구한말에 애국가의 노랫말에 무궁화가 들어가면서 우리나라 사람들은 무궁화를 나라 꽃으로 인식하기 시작했다. 그러나 우리나라의 나라 꽃은 공식적으로 지정되어 있지 않다.

참고 문헌

국립국어원 《표준 국어 대사전》
김민수 《우리말 어원 사전》 태학사, 1997년
김언종 《한자의 뿌리》 문학동네, 2001년
김인호 《조선어 어원 편람》 박이정, 2001년
박성훈 《훈몽자회 주해》 태학사, 2013년
안옥규 《어원 사전》 한국문화사, 1996년
유창돈 《이조어 사전》 6판, 연세대학교출판부, 1997년
이남덕 《한국어 어원 연구 Ⅰ~Ⅲ》 이화여자대학교출판부, 1985년
이우철 《한국 식물명의 유래》 일조각, 2005년
서정범 《국어 어원 사전》 보고사, 2000년
서정범 《우리말의 뿌리》 2판, 고려원, 1996년
조영언 《한국어 어원 사전》 다솜출판사, 2004년
최창렬 《우리말 어원 연구》 일지사, 1986년
편집부 《한국 문화 상징 사전》 두산동아, 1992년
한태호 외 《원예 식물 이름의 어원과 학명 유래집》 전남대학교출판부, 2006년
홍윤표 외 《조선 후기 한자 어휘 검색 사전》 한국정신문화연구원, 1997년

* **사진 자료 제공**

    사진을 도와주신 권경숙, 박태진, 박형욱, 추헌철 님께 감사드립니다.

    저작권자를 찾지 못하여 허락을 받지 못한 사진에 대해서는 저작권자가 확인되는 대로
    게재 허락을 받고 통상의 기준에 따라 사용료를 지불하도록 하겠습니다.